KB216506

소비더머니

소비더머니

브랜드에 얽힌 사람과 돈
기업에 관한 이야기

조현용 지음

시월

보잘것없는 소년을 특별한 존재라고 믿게 해준 어머니와

가진 것 없는 청년을 사랑과 믿음으로 지지해준 아내에게

이야기를
시작하며

세상은 변합니다. 각자의 기준에 따라 선악으로 편을 가르는 세상에서도 변치 않는 꿈과 노력의 가치에 대해 말하고 싶었습니다. 《소비더머니》를 통해 전하려는 것은 지식이 아니라 브랜드와 사람, 세상의 변화에 담긴 이야기입니다.

현실과 동떨어진 소리일 수 있겠지만 조직의 사다리가 아니라 콘텐츠를 만드는 사람으로서 시청자에게 집중하면서 시장의 평가를 받고 싶었습니다. 디지털 콘텐츠 시장에서 '소비더머니'가 과분하게 사랑받은 것은 각각의 빛나는 이야기들 덕분입니다.

저에게 스토리텔러의 자질이 있다며 지원을 아끼지 않은 손재일 부장과 선배들, 수많은 날을 함께 야근하며 이야기를 빛내준 강리화 PD와 동료들, 그리고 매주 10분 넘는 시간을 유튜브에서 함께해주신 '소비더머니' 구독자들이 없었다면 이 책은 나올 수 없었을 겁니다.

꿈을 꾸고 노력하면 운명을 바꿀 수 있다는 생각을 유효기간 지난 것처럼 여기는 세상입니다. 그래도 여전히 삶을 변화하기 위해서는, 할 수 있다는 믿음과 성실함이 필요하다고 생각했습니다. 제가 전하는 이야기를 통해 짧은 순간이라도 재미나 의미를 느끼신다면 행복하겠습니다. 가혹한 현실을 살아가는, 그러나 삶을 바꾸고 싶은 독자들에게 응원의 마음을 전합니다.

2021년 10월

조현용

차례

성공의 상징,
손목 위에서 빛나다

롤렉스

01

사고 싶어도 살 수 없는 시계가 있습니다. 가격이 비싸기 때문일까요? 한정판을 소량 생산하기 때문일까요? 둘 다 아닙니다. 전 세계적으로 인기가 매우 많아서 그렇습니다. 제품을 정식으로 판매하는 매장에서 새 제품을 살 수가 없으니 신제품 가격에 수백만 원 이상의 프리미엄이 붙은 중고 제품이 리셀 시장을 달구고 있습니다.

경매 역사상 가장 비싼 가격에 팔린 손목시계도, 1962년에 할리우드 스타 매릴린 먼로가 당시 미국 대통령이었던 존 F. 케네디의 생일 선물로 준비했던 시계도 이 브랜드 제품입니다. 1960~1970년대 영화 '007' 시리즈의 주인공 제임스 본드의 손목에 채워져 있던 시계도 마찬가지였죠. 2021년 초, 할리우드의 스타 카다시안Kardashian 패밀리가 자신들의 일상을 다루는 리얼리티 쇼 〈카다시안 따라잡기〉의 스태프들에게 선물했다는 1만 달러짜리 시계도 이 브랜드 제품이었습니다.

중장년층은 물론이고 청년층에도 인기 있는 클래식의 대명사이자, 100년에 걸쳐 전 세계적으로 성공한 사람들이 즐겨 착용하는 시계 브랜드, 내구성과 정확성, 실용성이라는 제품 철학을 지켜온 '롤렉스Rolex'입니다.

혁명가들이 사랑했던
자본주의의 상징

쿠바 공산주의 혁명의 상징적인 인물, 체 게바라Che Guevara의 사진 중 그가 시가에 불을 붙이고 있는 것이 유명하죠? 바로 그 사진 속에서 체 게바라가 손목에 차고 있는 시계가 롤렉스 제품입니다. 실제로 그는 평생 롤렉스 시계를 즐겨 찼다고 하는데, 이 때문에 그의 사진이 롤렉스 광고에 이용되기도 했고요. 체 게바라가 가장 애용했던 모델은 롤렉스의 '서브마리너Submariner'인데요. 서브마리너는 롤렉스에서 가장 인기 있는 모델 중 하나입니다. 현재 시세로 소매가격이 1천만 원 이상인 새 제품을 사는 것은 녹록지 않습니다. 매장에서 제품을 구경하기조차 어렵기 때문이죠. 체 게바라가 볼리비아에서 생포될 때 차고 있던 시계는 'GMT 마스터'입니다. 이 모델의 현재 소매가격은 약 1천2백만 원에서 무려 5천만 원에 달하기도 합니다.

그런데 부잣집 도련님으로 자라 낭만적인 성향으로 유명했던 체 게바라만 롤렉스를 사랑했던 것이 아닙니다. 체 게바라의 동지였던 피델 카스트로Fidel Castro 역시 롤렉스 시계를 애용했는데요. 심지어 롤렉스 시계를 한꺼번에 두 개씩 착용하기도 했습니다. 피델 카스트로가 왼쪽 손목에 GMT 마스터와 서브마리너를 동시에 찬 채 쿠바산 시가를 들고 있는 사진은 시계 마니아들 사이에서 유명합니다. 왜 두 개나 차고 다녔을까요? 거기에 대해서는 몇 가지 유명한 해석이 있습니다. 그중 하나는 전쟁터에서 시계가 망가지는 것에 대비한 행동이라는 것이고요. 다른 하나는 당시 공산권의 맹주였던 소련의 현지 시간대를 알기 위해서였다는 거죠. 시계 하나는 쿠바를 기준으로, 다른 하나는 모스크바를 기준으로 시간을 맞춰두고 보려고 했다는 설입니다.

좀 이상하지 않습니까? 평생 사회주의 혁명을 꿈꿨다는 이들이 자본주의의 상징이라고도 불리는 고가의 롤렉스 시계를 애용했다는 사실이 말입니다. 생각해보면 그럴듯한 이유가 없는 것은 아닙니다. 체 게바라가 남아메리카와 아프리카에서 활동하던 시기는 1950~1960년대입니다. 손목에 차는 전자시계가 출시되기 전이었죠(최초의 양산형 전자시계는 1969년 세이코에서 출시했습니다). 급박하게 게릴라전에 임하는 이들에게 태엽을 감는 수동식 시계는 번거로웠을 겁니다. 끝없이 작전을 짜고 전투를 제대로 치르려면 그 시대에 가장 정확하고 튼튼한 오토매틱, 즉 차고 다니기만 해도 동력이 생기는 시계가 필요하지 않았을까요? 그것이 바로 롤렉스 시계였던 겁니다. 당시 시대 상황을 고려해보면 체 게바라와 피델 카스트로에게 롤렉스 시계는 생존을 위한 필수품 중 하나였을지도 모릅니다.

이 두 사람 외에도 공산권 지도자들의 롤렉스 사랑은 유명합니다. 소련 공산당 서기장이던 브레즈네프와 통일 이전 동독의 서기장이던 호네커가 입맞추며 인사하는 사진에서도 호네커의 손목에 찬 롤렉스 시계가 눈에 띌 정도이니까요. 이쯤 되면 공산권 지도자들이 단순히 정확하고 튼튼한 시계가 필요했기 때문에 롤렉스를 애용했던 것만은 아닌 것 같습니다. 도대체 롤렉스의 무엇이 공산권 지

A Time For Revolution

Whether affecting social change in Central America or lunching with his friend Salvador
at *La Moneda* in Santiago, Ernesto "Che" Guevara relies on his Rolex Submariner,
a timepiece which has earned its reputation for rugged reliability in all situations.

ROLEX

롤렉스 서브마리너를 찬 채 시가에
불을 붙이는 체 게바라의 사진이
사용된 지면 광고(위).
1922년 시계 브랜드 엘진의
회중시계 지면 광고(아래). 엘진은
1800년대 후반부터 1900년대
초반까지 미국에서 시계를 가장
많이 제조했던 회사였다.

The Value of Time

By Kronos

Paintings by
HAROLD DELAY

"GIVE IT TIME," said Confucius to an impatient disciple. "Every day cannot be a Festival of Lights."

Twenty-four centuries before the age which we fondly call modern! Yet the disciple of present-day Efficiency may find food for thought in the way the great Chinese philosopher planned out his daily life.

Confucius, in his wisdom, took Time to *save* Time. His was a far-visioned schedule. "At fifteen," he wrote in his latter years, "I entered on a life of study. At thirty I took my stand as a scholar. At forty my opinions were fixed. At fifty I could judge and select. At sixty I never relapsed into a known fault. At seventy I could follow my heart's desires without going wrong." Confucius cherished the broad life-vision of which Li Po, China's greatest poet, sang thirteen centuries after—

"The universe is but a tenement
Of all things visible: Darkness and Day
The passing guests of Time!"

In timekeeping devices, as in so many other inventions, the Flowery Kingdom apparently anticipated other nations by thousands of years. Even our "modern" daylight-saving system was introduced by Duke Chan a trifle over three thousand years ago. He divided the floating index of the water-clock into one hundred *kih*, or parts. In winter he allotted forty *kih* to day and sixty to night. *In summer he reversed this.*

The tranquil, leisurely routine of the high-caste Chinese is a constant challenge to Americans, who see it as a deliberate waste of life's most costly commodity — *Time.* Yet the Chinese gentleman of today keeps watch repair shops working overtime by carrying *two* watches, which he is anxious shall run harmoniously!

A quaint procedure, eloquent of the Orient's real appreciation of the *value of Time,* but happily unnecessary among the fortunate owners of America's timekeeping masterpieces—

Material, construction, adjustments and service fully covered by Elgin Guarantee

Elgin Watches

MADE IN ELGIN, U.S.A.

도자들까지 매혹했던 걸까요? 그 매력과 명성은 오랜 세월에 걸쳐 롤렉스가 차곡차곡 쌓아온 노력의 산물입니다.

사람들을 사로잡은 최초의 기술과
영리한 마케팅

롤렉스의 성공 역사는 지금으로부터 110여 년 전에 시작됩니다. 1905년에 롤렉스를 창업한 한스 빌스도르프Hans Wilsdorf는 처음부터 손목시계에 주목했는데, 이것은 당시의 시대상에 비추어보면 다소 특이한 일이었습니다. 1900년대 초반만 해도 휴대용 시계는 회중시계가 대부분이었기 때문입니다. 물론 손목시계 브랜드가 있긴 했지만 당시에만 해도 '여성들이 차는 것'이라는 인식이 강했습니다. 그런 시대에 한스 빌스도르프는 자신과 롤렉스의 운명을 손목시계에 걸었던 겁니다.

　　이러한 결정을 내린 이후 롤렉스는 본격적으로 시대 흐름을 타기 시작합니다. 20세기 초반 세계 곳곳에서 전쟁이 발발하는데요. 긴박하게 움직여야 하는 전쟁터에서 시간을 확인하기 위해 주머니에서 회중시계를 꺼낸다고 생각해보세요. 휴대하기에 무겁고 꺼내는 데 시간이 걸리는 만큼, 전장에서 여러모로 성가셨을 겁니다. 바로 이러한 상황에서 손목시계가 위력을 발휘합니다. 그렇다고 롤렉스가 시대 상황에만 편승해서 여기까지 온 것은 아닙니다. 롤렉스의 승승장구에는 운을 넘어서는 무언가가 있습니다.

한스 빌스도르프가 처음 브랜드를 만들었던 20세기 초반만 해도 롤렉스는 신생 업체였습니다. 롤렉스보다 100년 이상 먼저 시계로 평판을 쌓아온 유명 업체들이 많았죠. 롤렉스가 존재감을 드러내려면 다른 업체와 구분되는 확실한 차별점이 필요했을 겁니다. 그래서인지 한스 빌스도르프는 설립 초창기부터 '최초'라는 수식어를 사용할 수 있는 기술에 집착했다고 하는데요. 그것이 신생 브랜드였던 롤렉스가 업계에서 두각을 드러내기 위한 가장 좋은 방법이라고 생각했던 게 아니었을까요?

이 과정에서 롤렉스는 1910년에 스위스의 공식 크로노미터 검증기관CCOSC에서 크로노미터 인증을 획득했고, 1914년에는 그 당시 항해용 대형 시계에만 크로노미터 인증을 해주던 영국의 큐 천문대 Kew Observatory(시계의 정확성을 인증하는 기관)로부터 A등급 크로노미터 인증서를 받았습니다. 두 가지 모두 손목시계로는 최초의 일이었습니다. 여기에서 그치지 않고 1926년, 롤렉스는 세계 최초의 방수·방진 시계를 개발해냅니다. 한스 빌스도르프는 이 시계에 '오이스터 Oyster'라는 이름을 붙였는데, 한번 껍데기를 다물면 웬만해선 내부에 물이 들어오지 않는 굴에 착안했던 겁니다.

하지만 이 시계가 처음부터 기대만큼 잘 팔리지는 않았다고 합니다. 그렇다고 포기할 수는 없는 법이죠. 오이스터가 세상에 나온 지 1년 정도 지났을 무렵, 활로를 고민하던 한스 빌스도르프는 메르세데스 글리츠라는 영국 여성이 영국 남동쪽과 프랑스 북서쪽 사이에 있는 도버해협 횡단에 도전한다는 소식을 듣게 됩니다. 한스 빌스도르프는 무릎을 쳤죠. '이거다! 이것이야말로 다시없는 기회다!' 싶었을 거예요. 사실 롤렉스는 회중시계에서 손목시계로 흐름이 바뀌는 시점부터 다양한 스포츠를 즐기는 문화가 있는 영국 시장을 주목해왔습니다. 운동할 때 회중시계를 꺼내 보는 일은 전쟁터에서 만큼이나 번거로울 테니까요. 그런 점에서 다른 나라에 비해 영국에서 손목시계가 성공할 확률이 높다고 판단했던 겁니다. 이런 와중에 여성이 손목시계를 차고 극한의 도전을 한다면? 더더욱 주목받으리라 생각했겠죠? 그는 이 아이디어를 실행에 옮깁니다.

메르세데스 글리츠는 여성으로서는 세계 최초로 도버해협 횡단에 성공합니다. 그리고 그녀의 손목에 채워져 있던 롤렉스의 오이스터는 그녀가 바다를 횡단하는 10시간 동안 정확히 작동하며 제 기능을 다했습니다. 메르세데스 글리츠에 관한 기사가 전 세계에 쏟아졌고, 그 기사 옆에 슬그머니 롤렉스 광고가 올라갑니다. 그때부터 오이스터는 만들기가 무섭게 팔려나가기 시작했죠. 정말 기가 막힌 마케팅입니다.

극한의 도전을 후원하고 이를 마케팅에 이용해 확실한 성과를 본 롤렉스의 시도는 여기에서 멈추지 않습니다. 롤렉스의 최고 도약기는 1953년에 찾아오는데, 이 이야기를 하려면 에베레스트산을 빼놓을 수 없습니다. 지금이야 산악인의 에베레스트산 등정 소식이 종종 기사로 전해지지만, 그때만 해도 에베레스트산 정복은 인류의 꿈과 같은 일이었습니다.

1953년, 서른네 살의 에드먼드 힐러리라는 청년이 에베레스

1927년에 메르세데스 글리츠가 롤렉스의 오이스터를 착용하고 도버해협을 횡단한 사건을 활용한 지면광고(위)와 1953년에 에드먼드 힐러리가 익스플로러를 착용하고 에베레스트산에 최초로 등정한 일을 활용한 지면광고(아래).

트산 등정에 도전했는데요. 롤렉스는 이때도 이 청년에게 자사의 시계를 후원합니다. 에드먼드 힐러리는 세계 최초로 에베레스트산 등정에 성공했고, 언론에는 이런 기사가 쏟아집니다. "에베레스트산을 최초로 정복한 힐러리의 손목에는 롤렉스가 있었다." 그 후 롤렉스는 힐러리의 에베레스트산 등정 성공에 영감을 받았다며 새로운 시계를 출시하고 그 제품에 이름을 붙입니다. "탐험가의 시계, '롤렉스 익스플로러Explorer'".

에베레스트산 최초 등정 당시 에드먼드 힐러리의 탐험대가 차고 있던 시계가 오이스터 모델이었고, 이들을 후원한 업체가 롤렉스만 있었던 것은 아니었습니다. 하지만 위대한 업적을 이룬 탐험대의 의견을 직접 듣고 그들에게 영감을 받았다며 이토록 절묘한 이름의 제품과 카피를 내놓은 업체는 롤렉스뿐이었죠. 그렇게 롤렉스의 익스플로러는 희대의 명작으로 사람들의 마음을 파고들었습니다. 익스플로러는 유럽, 아메리카, 아시아 할 것 없이 전 세계적으로 불티나게 팔려나갔고, 롤렉스는 그야말로 세계적인 명성을 얻게 됩니다. 익스플로러는 지금도 인기 있는 모델이기도 합니다.

롤렉스는 이 밖에도 세계적인 지도자나 스포츠 스타에게 롤렉스를 차게 한다든지, 유명한 문화시설 같은 곳에 후원을 이어가고 있습니다. 이를테면 국제자동차경주대회인 F1과 세계 4대 테니스 대회 중 하나인 윔블던의 공식 타임키퍼이자 타임피스로 활약하기도 했고, 영국 런던의 로열 오페라하우스와 같은 세계적인 문화시설에서도 롤렉스 벽시계를 찾아볼 수 있습니다.

롤렉스는 이런 식으로 지금까지 '시계 분야에서 롤렉스가 최고'라는 브랜드 스토리를 쌓았습니다. 많은 명사들이 세계적으로 유명한 장소에서 롤렉스 시계를 차고 있는 장면이 언론이나 SNS 등을 통해 전 세계적으로 노출되면 그 자체로 광고가 되는 셈이죠. 그 결과 롤렉스는 동서고금 남녀노소를 막론하고 성공한 사람들, 어떤 분야의 정상에 오른 사람들이 소유하기를 원하는 부와 명예의 상징이 되었습니다.

시대를 초월하는 명품

누군가 이런 의문을 품을 수 있습니다. '롤렉스가 마케팅으로 명성을 얻은 것이라면 내실은 부실할 수도 있지 않을까? 절대 그렇지 않습니다. 그 어떤 곳보다 기술력과 품질을 끌어올리는 데 심혈을 기울인 브랜드가 바로 롤렉스입니다. 몇 가지 예를 들어보겠습니다.

2012년 3월, 영화 〈터미네이터〉 〈타이타닉〉 〈아바타〉의 감독 제임스 캐머런이 잠수정을 타고 마리아나 해구의 가장 깊은 지점인 1만 898미터 해저에 들어갑니다. 당시 잠수정 외부에는 롤렉스의 '딥씨 챌린지Deepsea Challenge'가 부착돼 있었는데요. 이 시계는 1960년에 '트리에스테 호'에 부착한 '딥씨 스페셜Deepsea Special' 모델을 개량한 제품이었습니다. 트리에스테 호는 미 해군 중위 돈 월시와 스위스 해양학자 자크 피카르가 1만916미터 깊이의 마리아나 해구 바닥까지

롤렉스는 매해 세 개의 남자 메이저 골프대회, '마스터스 토너먼트'와 'US오픈',
영국에서 열리는 '디 오픈 챔피언십'의 파트너로 활약하고 있다.
사진은 2021년 7월, 디 오픈 챔피언십 결승전에 전시된 트로피 '클라레 저그'.

내셔널지오그래픽채널에서 방영된 다큐멘터리
〈제임스 캐머런의 딥씨 챌린지〉 속 잠수정 트리에스테 호와
잠수정에 부착한 롤렉스 딥씨 챌린지.

내려갔을 때 탑승했던 유인 잠수정입니다. 제임스 캐머런의 도전을 위해 롤렉스가 심해 잠수용 시계를 특수 제작한 것이었죠. 당시 제임스 캐머런도 손목에 롤렉스의 '딥씨' 모델을 차고 있었다고 하죠.

이런 이벤트를 목적으로 하지 않더라도 롤렉스는 전문가를 위한 제품을 만들어내는 데 아낌없이 투자했습니다. 1000가우스 강도의 자기장에 노출된 상황에서도 완벽하게 작동하는 과학자용 시계 '밀가우스Milgauss', 레가타regatta(조정·보트·요트 경주) 카운트다운에 따라 설정할 수 있도록 설계되어 프로그램화가 가능한 카운트다운 메모리 기능을 갖춘 '요트-마스터 II'와 요트 경기를 위한 '요트-마스터', 듀얼 타임 기능을 가진 항공 조종사용 'GMT-마스터' 등이 유명합니다.

특히 주행시간과 평균 속도를 계산할 수 있는 레이서용 손목시계 '코스모그래프 데이토나Daytona'는 또 다른 측면에서 시계의 역사를 바꿔놓았는데요. 첫 부분에 설명한 세계 경매 역사상 최고가 자리를 차지했다는 손목시계가 이 데이토나입니다. 배우 폴 뉴먼이 아내 조앤 우드워드에게 선물받은 데이토나를 10여 년간 착용한 채 각종 활동을 해서 유명했던 시계죠. 롤렉스 마니아들 사이에서 '폴 뉴먼 데이토나'라고 불리기도 합니다. 이 시계는 지난 2017년 뉴욕의 한 경매에서 무려 한화로 약 198억 원에 낙찰돼 사상 최고가를 경신했습니다.

그리고 롤렉스는 시계를 만드는 소재에서도 최고에 도전하고 있습니다. 의료용 수술 도구나 항공 우주 산업에 사용되는 최고급 특수 스틸 소재를 사용하고, 시계를 만들 때 사용하는 금을 직접 주조하기 위해 자체 주조 공장을 세우기도 했습니다. 염류 물질이 녹아 있는 바닷물이나 염소 처리가 된 수영장 물 속에서도 변색하지 않는 에버로즈 골드Everose Gold 소재를 고안해내기도 했죠.

이렇게 기술력의 측면에서든 브랜드 이미지의 측면에서든 최고라고 평가받는 롤렉스이지만 워낙 옛날부터 유명했기 때문에 고루한 브랜드라는 편견에 시달리기도 합니다. 대체 롤렉스가 조부모님이나 부모 세대가 착용하던 그 시절과 달라진 게 뭐가 있느냐는 거죠. 새로운 모델이 자주 나오는 것도 아니고 늘 비슷한 디자인과 스타일에서 벗어나지 않는데 신제품을 살 필요가 있느냐고도 합니다. 그런데 반대로 생각해보면, 롤렉스는 '한결같다'라는 장점이 있습니다. 아무리 명품이라도 매년 디자인이 바뀐 신상품이 나오면 어떨까요? 큰맘 먹고 산 명품이 몇 년 만에 구식 모델이 되어버리면 속상하지 않을까요? 하지만 롤렉스는 바뀌지 않기 때문에 이 부분에서만큼은 자유로울 수 있죠. 누군가에게는 고루해 보인다는 단점이 누군가에게는 평생 착용할 수 있는 시계, 심지어 자식이나 손주한테 물려줄 만한 시계라는 특장점이 되는 겁니다.

같은 맥락으로 롤렉스 시계는 내부 구조도 잘 바뀌지 않기 때문에 부품을 구하기 쉽습니다. 중고 제품을 거래하는 사람으로서도 롤렉스 시계는 고장이 잘 나지 않거나, 설령 고장이 나더라도 쉽게 고칠 수 있다는 믿음이 생깁니다. 그래서 롤렉스는 전 세계에서 가장 많이 팔리는 단일 명품 시계 브랜드이자, 중고 시장이 가장 큰 시계

브랜드이기도 합니다. 해외에는 전문적으로 롤렉스만 수집하는 컬렉터도 많습니다. 참고로 2018~2019년 롤렉스의 매출은 한국에서만 3천억 원, 전 세계적으로는 약 5조 원이라고 합니다.

2019년부터 애플워치의 판매가 롤렉스를 추월하기 시작하면서 이제 롤렉스의 시대는 지나갔다고 말하는 사람도 있습니다. 가격으로만 따지면 롤렉스보다 더 높은 급의 파텍 필립Patek Philippe, 브레게Breguet 같은 시계 브랜드도 있고, 밀레니얼 세대는 롤렉스 같은 명품 브랜드의 시계보다는 인기 많은 패션 브랜드의 새롭고 소위 '힙한' 디자인의 시계를 선호하기도 하죠. 하지만 한 일간지 기사에 따르면 2020년 한 해 동안 가장 많이 검색된 럭셔리 시계 브랜드는 여전히 롤렉스입니다. 고급 시계 전문 판매 사이트 '워치 파인드 앤 코'가 조사한 바에 따르면 롤렉스는 구글에서 약 6천만 건 이상의 검색이 이뤄졌다고 하죠. 전체 시계 제조사의 전체 모델로 범위를 넓혀보면 서브마리너, 데이토나, 데이저스트, 오이스터 퍼페추얼 순으로 검색 상위 1위에서 4위까지가 전부 롤렉스의 모델이었습니다.

오랜 시간 결혼 예물로 롤렉스 시계를 선호해왔던 이유, 전 세계의 수많은 성공한 이들이 롤렉스의 시계를 애용하는 이유를 생각해봅니다. 단순히 롤렉스의 시계가 명품이라서, 혹은 고가이기 때문만은 아닐 겁니다. 쉽게 부서지거나 망가지지 않는 단단함, 겉보기에는 변함없는 것 같지만 기술적으로 혁신을 도모하고, 시대가 바뀌어도 타협하지 않는 정신, 이 모든 것이 그들에게 의미가 있지 않았을까요? 돈과 의미, 두 가지를 동시에 거머쥘 수 있는 시계였던 게 아닐까요?

그래서 누군가가 롤렉스를 두고 했던 이 말은 과거에도 그랬지만 앞으로도 여전히 유효할 겁니다. "다른 브랜드의 시계를 사는 데에는 여러 가지 이유가 있다. 가볍다, 얇다, 정확하다, 최신 기술이다, 예쁘다 등등. 그러나 롤렉스를 사는 이유는 단 하나다. 그것이 롤렉스이기 때문에."

막장 드라마를 딛고,
화려하게 부활하다

구찌

02

구찌Gucci는 전 세계적으로 수많은 유명 인사가 사랑하는 브랜드 중 하나입니다. 축구 스타 크리스티아누 호날두가 머리부터 발끝까지 구찌 제품으로 착장한 모습이 화제가 되기도 했죠. 최근에는 카카오 톡 메신저의 쇼핑 기능으로 이 브랜드의 핸드백을 선물할 수도 있습니다. 소소한 먹거리나 생활용품뿐만 아니라 300만 원을 훌쩍 넘는 명품 가방을 모바일로 구매해 선물할 수 있다는 말인데요. 그만큼 구찌가 모바일 쇼핑이 익숙한 젊은 층에 친숙하고 인기가 많다는 방증이기도 할 겁니다.

많은 브랜드나 기업이 우여곡절을 겪으며 성장하듯이 구찌 역시 평탄한 길만 걸어오진 않았습니다. 한때는 중장년층에게만 인기 있는 브랜드로 취급받으면서 파산할 뻔한 위기도 여러 번 있었죠. 게다가 구찌 가문의 암투와 음모에 대한 이야기는 웬만한 막장 드라마를 능가할 정도입니다. 하지만 구찌는 이러한 갈등과 위기를 겪으면서도 언제나 그 어려움을 돌파해왔습니다. 원자재를 구할 수 없을 때는 기발한 아이디어를 내놓는 것으로, 재정적 위기에 맞닥 뜨렸을 때는 무형의 가치를 극대화하는 방법으로, 브랜드 이미지가 좋지 않을 때엔 능력 있는 디자이너를 고용하는 방식으로 말이죠. 그래서 이번에는 구찌라는 브랜드의 결정적 순간들에 대해 조금 더 깊이 들어가보겠습니다.

끝없는 위기를
도전으로 이겨내다

1881년 이탈리아에서 밀짚모자 제작을 가업으로 삼은 집안에서 태어난 구찌오 구찌Guccio Gucci는 열여섯 살 때 부친과 싸우고 일자리를 찾아 영국으로 떠납니다. 영국에 도착한 뒤 그는 런던 사보이 호텔에 일을 구하고 정착하죠. 이 호텔은 당대 상류층 사교계의 중심이라고 할 수 있는 곳이었습니다. 구찌오 구찌는 그곳에서 접시닦이와 벨보이로 일하면서 상류층 패션과 문화를 익혔고, 1921년에 고향으로 돌아와 자신의 매장을 차리는데요. 얼마 지나지 않아 밀짚모자만으로는 사업성이 없다고 판단하고 가죽제품을 만들기 시작합니다. 자신의 손재주에 사보이 호텔에서 수년간 상류층의 취향을 관찰하면서 기른 안목까지 더해 고급스러운 가죽제품을 만든다면 승산이 있다고 생각했던 것이죠.

영국의 상류층 스타일에 이탈리아 장인의 기술을 결합한 구찌의 가죽 승마용품은 큰 인기를 끌었습니다. 승마용품뿐 아니라 핸드백과 여행용 트렁크, 장갑, 신발, 벨트 같은 제품들도 함께 만들었죠. 이때 말 재갈이나 등자(말을 탈 때 발을 디딜 수 있도록 안장에 단 받침대)의 장식 등을 상징적으로 활용했는데, 당시의 문양이 오늘날까지 구찌의 고유한 상징으로 쓰이고 있습니다. 그렇게 구찌의 제품은 금세 입소문이 나면서 자리를 잡아가지만 얼마 지나지 않아 첫 번째 위기가 찾아옵니다.

1953년에 피렌체에 문을 연 구찌의 두 번째 매장(위)과 가죽 공장(아래).

1940년대는 제2차 세계대전으로 많은 사람들이 고통받는 상황이었고, 이탈리아에도 파시즘 독재가 만연할 때였습니다. 국제연맹League of Nations이 내린 수출 금지령 때문에 이탈리아 내부에서는 가죽이나 금속을 구하기가 갈수록 어려워졌어요. 가죽제품 상점을 운영하던 구찌로서는 가죽을 대신할 소재를 찾아야 했습니다. 이때 대체물로 눈에 띈 것이 바로 식물성 소재인 나폴리산 대마, 삼마, 황마 따위였는데요. 구찌는 이것들을 작은 다이아몬드 형태가 서로 연결되는 구조로 직조하여 가죽을 대신할 원단을 만들었고, 그것으로 여행 가방을 제작합니다. 이것이 바로 우리가 구찌라고 하면 떠올리는 시그니처 프린트, '디아만테Diamante 캔버스'입니다.

구찌는 그렇게 안정을 되찾았고, 이후 매장을 로마에까지 확장하지만 얼마 지나지 않아 또다시 위기를 맞습니다. 1945년 제2차 세계대전은 끝났지만 패전국인 이탈리아에서 가죽을 구하기는 더 어려워진 겁니다. 기술이 뒷받침되지 않거나 고객이 외면해서 장사가 안 되는 게 아니라, 소비자의 반응은 여전히 폭발적인데 재료가 없어서 물량을 공급할 수가 없으니 구찌의 속은 타들어갔을 겁니다. 그런데 바로 이때, 가업에 뛰어든 지 얼마 안 된 구찌의 첫째 아들 알도Aldo Gucci가 아이디어를 냅니다.

"아버지, 돼지가죽을 써서 가방을 만들어보면 어떨까요? 그리고 손잡이는 구하기 쉬운 일본산 대나무를 써보면 어때요?"

왜 하필 일본산 대나무와 돼지가죽이었을까요? 같은 패전국이었던 일본의 대나무는 그나마 구하기가 어렵지 않았다고 합니다.

1959년, 모나코의 대공인 레니어 3세와 그의 아내이자 미국 여배우인
그레이스 켈리가 로마에 위치한 구찌 매장을 방문했던 모습.

또 돼지가죽은 모공이 잘 보이고 상처가 많은 편이라 보통 패션업계에서는 잘 쓰이지 않던 재료였는데요. 패션업계에서 주로 사용해오던 양가죽, 소가죽 등을 구할 수 없으니 궁여지책으로 선택한 것이 돼지가죽이었던 겁니다. 그렇게 이 두 가지 소재로 만든 제품이 구찌 브랜드의 또 다른 시그니처 제품인 '뱀부 백'입니다. 뱀부 백이 출시되자 사람들은 돼지가죽의 질감이 오히려 신선하다는 반응을 보였습니다. 대나무 손잡이가 주는 독특한 느낌도 한몫을 했고요. 결국 구찌는 전쟁이라는 위기를 또다시 기회로 삼아 뱀부 백을 성공시켰고, 밀라노에까지 매장을 확장합니다. 오늘날 구찌라고 하면 떠오르는 '녹색-적색-녹색'의 삼선도 이때 만들어집니다. 그리고 이 성공에 힘입어 구찌는 미국까지 진출하죠.

살면서 꿈을 이루는 사람들이 얼마나 될까요? 그 꿈이 크든 작든 상관없이 말입니다. 성공한 구찌가 미국에 첫 번째 매장을 연 곳이 바로 미국 뉴욕에 있는 사보이 호텔이었습니다. 호텔에서 일하면서 상류층의 패션을 곁눈질로 훔쳐보던 열여섯 살 소년이, 자신이 만든 제품을 몸에 걸치고 호텔을 드나드는 이들의 모습을 흐뭇하게 지켜보는 노인이 된 것이죠. 구찌오 구찌가 사회생활을 시작한 지 56년 만의 일이었습니다. 그리고 구찌 브랜드가 미국에 진출한 지 정확히 보름 뒤, 꿈을 이룬 구찌오 구찌는 눈을 감습니다. 그는 도전하고 꿈을 현실로 이루었기에 성공한 삶을 살았다는 평가를 받았죠. 하지만 그의 사후에 구찌 가문에 어떤 일이 벌어질지 그는 상상조차 하지 못했을 겁니다.

막장 드라마의
비극적 결말

1953년에 창업자가 별세한 뒤에도 구찌 브랜드는 한동안 흥행 가도를 달립니다. 비록 구찌오 구찌는 세상을 떠났지만, 회사는 창업자의 첫째 아들 알도와 셋째 아들 로돌포Rodolfo 등 가족들 위주로 의사결정을 하며 계속 성과를 냈습니다. 1961년에는 구찌오 구찌의 이름 앞 글자를 따서 더블 G 브랜드 로고를 만들었고, 이 로고를 디자인에 활용한 제품을 내놓았습니다.

특히 모서리가 둥근 반달 모양의 숄더백은 유명인들에게도 큰 인기를 끌었는데요. 바브라 스트라이샌드, 리타 헤이워드, 브릿 에클랜드 등이 이 가방을 애용한 것으로도 유명합니다. 그중에서도 가장 화제가 됐던 인물은 미국 케네디 대통령 부인인 재클린 케네디였습니다. 그녀는 어디를 가든 이 가방을 들고 나타났고 그 모습은 전 세계로 퍼져나갔죠. 그녀가 들고 다니던 구찌 백에는 아예 '재키 백Jackie Bag' 이라는 별칭이 붙기까지 했으니까요. 몇 년 뒤에 구찌는 할리우드 유명 여배우이자 모나코 대공의 아내인 그레이스 켈리를 위한 스카프를 제작하기도 했죠.

이렇게 승승장구하던 구찌에 다시 위기가 찾아오는데요. 가문 사람들 사이에 분란이 발생한 겁니다. 특히 회사 경영에 주도적으로 참여했던 첫째 알도와 셋째 로돌포 사이의 다툼이 갈수록 심각해졌습니다. 당시 구찌 경영에는 창업자 가문의 2대인 알도와 로돌포

반달 모양의 숄더백은
재클린 케네디가 자주 들고 다녀
재키 백이라고 불렸다.

뿐 아니라 3대에 해당하는 알도의 아들 파올로와 로돌포의 아들 마우리치오까지 모두 참여하고 있었습니다. 최종적으로 경영권은 해외 시장 개척에 크게 이바지했던 마우리치오에게 돌아갔는데요. 하지만 그 이후 황당한 일이 계속 벌어집니다.

먼저 파올로는 구찌에서 쫓겨나와 또 다른 '구찌'를 세웁니다. 무슨 말이냐고요? '파올로 구찌'라는 브랜드를 만든 다음 진짜 구찌와 비슷한 제품을 생산하고 구찌보다 훨씬 더 낮은 가격으로 판매한 겁니다. 따지고 보면 파올로도 구찌 가문의 일원인 만큼 파올로 구찌의 제품을 소위 '짝퉁'이라고만 할 수는 없지만, 매출을 올릴 요량으로 로고만 빌려주는 라이선스 사업권을 남발한 탓에 구찌의 브랜드 가치는 계속 떨어지게 됩니다. 참고로 파올로 구찌 제품은 한국에서도 상당히 오랜 기간 판매됐었는데요. 심지어 백화점에서 본래의 구찌 제품과 파올로 구찌 제품이 '구찌'라는 이름으로 나란히 진열되는 촌극이 벌어지기도 했죠. 그런데 파올로는 이 정도에서 그치지 않고 온갖 방법으로 경영권 분쟁을 일으켰습니다.

구찌오 구찌의 첫째인 알도 입장에선 여러모로 마음이 아팠을 겁니다. 자기 아들이 가업에서 배제돼 폭주하는 모습을 보는 것도 힘들었겠지만, 아버지 대부터 평생을 바쳐 일궈온 회사가 어려움에 빠지고, 심지어 그 위기를 자기 아들이 초래했으니까요. 결국 참다못한 알도는 파올로를 불러서 훈계했다고 합니다. 가족끼리 분란을 일으키지 말라고 말이죠. 파올로가 그 말을 듣고 잘못을 뉘우쳤을까요? 아닙니다. 부친으로부터 싫은 소리를 들은 파올로는 자신의 아버지가 탈세했다고 당국에 신고해버립니다. 이로 인해 81세의 알도는 감옥에 갇혔고 4년 뒤 세상을 떠나죠. 브랜드 구찌 창업자의 장남이자 평생을 가업에 바쳤던 알도 구찌의 마지막은 이토록 비참했습니다.

가족들 간의 분쟁에 지친 데다 회사가 내리막을 걸었기 때문이었을까요? 이렇게 처절한 과정 끝에 경영권을 거머쥔, 로돌포의 아들 마우리치오는 자신이 가진 구찌 지분을 바레인계 투자회사인 인베스트코프Investcorp에 매각해버립니다. 이로써 구찌의 가족 경영 시대가 끝이 났지만 이 일로 인해 또 다른 막장 드라마가 시작되죠.

마우리치오가 지분을 매각한 이듬해인 1995년 3월 27일 오전 8시 30분, 세상을 깜짝 놀라게 하는 사건이 벌어지는데요. 밀라노 사무실에 출근해 계단을 오르고 있던 마우리치오의 등에 총탄 네 발이 발사됐습니다. 세 발은 등을, 한 발은 머리를 관통하면서 마우리치오는 그 자리에서 즉사했고 범인은 사라졌죠. 이 사건에 이탈리아는 물론 전 세계가 경악했죠.

2년 뒤 범인이 밝혀지면서 이 엽기적인 사건의 전모가 드러났는데요. 마우리치오와 12년을 함께 살았던 전 부인 파트리치아가 암살자를 고용해 전 남편을 살해한 겁니다. 범행 이유를 물었을 때 그녀는 이렇게 말했습니다. "이혼 합의금이 너무 적었어. 콩 한 접시만큼도 되지 않았어." 충격적인 이야기는 이것으로 끝이 아니었습니다. 파트리치아는 이 사건으로 감옥에서 16년을 복역했는데, 세계를 떠들썩하게 했던 사건이었던 만큼 파트리치아가 형을 마쳤을 때 그녀를 만나려는 기자들이 꽤 있었습니다. 출소한 파트리치아에게 어떤 기자가 물었습니다. "왜 직접 쏘지 않고 암살자를 고용했습니까?" 이 질문에 그녀는 뭐라고 답했을까요?

"내 시력이 별로 안 좋아서. 실수하고 싶지 않았거든." 그리고 이런 말을 덧붙입니다. "구찌에는 내가 필요했어. 난 지금도 내가 구찌 일가라고 생각해. 오히려 그 사람들보다 내가 진짜 구찌야. 구찌에서 벌어지는 모든 일에 내가 조언했으니까. 그런데 그(마우리치오)가 내 말을 듣지 않고 회사를 팔았지. 멍청한 짓이었어. 그런데 가장 화나는 게 뭔지 알아? 그때 내가 할 수 있는 일이 아무것도 없었다는 거야."

이렇게 구찌 가문의 시대는 3대를 버티지 못하고 막을 내리고 맙니다. 그사이 회사는 전보다 더 휘청거리게 됐고, 다들 구찌는 끝났다고 했죠. 실제로 회사는 파산 직전까지 갔습니다. 하지만 전화위복이라고 해야 할까요? 구찌 가문이 떠난 **구찌**에 오히려 새로운 기회가 찾아왔습니다.

구찌 가문이 떠나고
부활한 브랜드

파올로가 부친인 알도를 탈세로 신고해 감옥에 넣었던 사건 당시에 구찌에 고용된 세금 전문가가 있었습니다. 하버드 로스쿨 출신의 변호사 도메니코 드 솔레Domenico De Sole입니다. 구찌 가문은 이 사람이 마음에 들었는지 1984년에 그를 구찌 아메리카에 스카우트합니다. 그리고 1994년, 구찌 브랜드를 완전히 사들인 인베스트코프는 드 솔레를 구찌의 CEO로 앉힙니다. 인베스트코프 입장에서는 회사 곳곳에 포진해 있던 말썽꾸러기 구찌 가문이 아니면서도 회사 사정에 대해 속속들이 알고 있는 사람이 필요했을 겁니다. 비非이탈리아계 투자회사인 인베스트코프 입장에서는 이탈리아 출신인 도메니코 드 솔레를 CEO에 앉힘으로써 대내외적으로 '구찌는 여전히 이탈리아 브랜드'라는 정체성을 유지할 필요도 있었을 겁니다.

그 이후 구찌 재건에 나선 도메니코 드 솔레는 즉시 한 사람을 승진시킵니다. 오늘날의 구찌를 말할 때 빼놓을 수 없는 인물, 바로 디자이너 톰 포드Tom Ford였죠. 스물아홉의 나이로 구찌에 영입된 지 4년 만에 브랜드의 수석 디자이너로 발탁된 겁니다. 많은 사람이 드 솔레가 오판했다며 고개를 저을 정도로 이것은 파격적인 결정이었습니다. 망해가고 있는 구찌에 신인이 아니라 유명 디자이너가 필요하다는 게 중론이었기 때문입니다. 실제로 서른세 살에 불과한 톰 포드는 이탈리아 출신도 아니었고, 패션계에서 홍보 업무로 경력을 시

2004년까지 구찌의 수석 디자이너로 활동한 톰 포드.

작한, 유명세와는 거리가 먼 인물이었습니다. 심지어 구찌 가문에서는 예전에 톰 포드를 해고하려고 한 적도 있습니다. 그 당시 구찌 가문의 압박에서 그를 지켜낸 사람도 드 솔레였는데, 그런 그가 이번에는 톰 포드를 수석 디자이너로 만든 겁니다. 대체 그 이유가 무엇일까요?

당시 톰 포드의 경력이 이름 난 디자이너에 비해 부족했던 것은 사실이지만 그의 재능은 남달랐습니다. 면접 자리에서 평소 좋아하는 브랜드가 무엇이냐는 질문을 받으면, 면접관의 스타일을 파악해서 그가 좋아할 만한 브랜드를 술술 읊을 정도로 순발력과 눈썰미가 뛰어났습니다. 게다가 하루에 18시간씩 일하는 일중독자였죠. 이 모든 사실을 알고 있던 드 솔레는 톰 포드를 승진시킨 직후 그에게 이렇게 말했다고 합니다.

"우린 돈이 없어. 하지만 구찌라는 거대한 이름을 갖고 있지."

톰 포드는 드 솔레의 이야기를 단번에 이해했습니다. 자금력이 부족한 브랜드의 약점을 극복하고 구찌라는 이름이 가진 강점을 부각할 방안을 찾아낸 겁니다. 특히 미디어의 속성을 완벽하게 꿰뚫고 있었던 그는 미디어의 힘을 최대한 이용하고자 했습니다. 그리고 수석 디자이너로서 처음 맞는 1995년 봄 시즌 패션쇼에서 톰 포드는 자신을 발탁한 드 솔레의 안목과 디자이너로서 자신의 가치를 완벽히 입증해냈습니다. 구찌가 얼마나 달라졌는지 보여준 것은 물론입니다. 당시 패션쇼의 콘셉트에 관한 질문에 톰 포드는 이렇게 말했습니다.

"하이힐은 더 높아질 수 없을 만큼 높게, 치마는 더 짧아질 수 없을 만큼 짧게."

　너무 자극적이라는 평도 있었지만, 기삿거리를 쫓기 마련인 미디어는 오히려 톰 포드의 시도에 즉각적으로 반응했습니다. 각종 미디어가 톰 포드의 구찌에 주목한 이후부터, 마돈나와 같은 당대의 유명 인사들이 열광적으로 구찌의 제품을 입고 다니기 시작합니다. 미디어의 파급력은 마치 구르는 눈덩이처럼 커졌어요. 드 솔레와 톰 포드가 등장한 지 불과 1년 만에 구찌는 완전히 되살아납니다. 한때 인베스트코프는 구찌 때문에 망할지도 모른다는 우려의 시선을 받기도 했지만 인베스트코프가 구찌에 투자한 지분의 가치는 불과 2년 만에 5배나 높아졌습니다.

　하지만 누군가 잘나가면 견제가 들어오는 법입니다. 1999년 초, 루이비통, 디올, 지방시, 셀린느 등을 보유한 세계 최대의 명품 그룹 LVMH가 구찌의 주식을 야금야금 사들이기 시작합니다. 죽어가던 브랜드가 겨우 살아나 이제 다시 주목을 받으니 포식자에게 잡아먹히게 된 셈이죠. 이때 드 솔레는 숙고 끝에 LVMH의 가장 강력한 경쟁자인 PPR 그룹(현재 케링 그룹)과 손을 잡습니다. PPR 그룹은 발렌시아가, 이브 생 로랑, 보테가 베네타가 속해 있던 명품 그룹이었는데요. 드 솔레는 이 선택 덕분에 구찌의 브랜드 가치를 지켜냈다는 평가를 받습니다.

　구찌가 LVMH에 팔리면 루이비통이나 디올에 비해 하위 브랜드로 취급될 수도 있는 상황이었는데, PPR 그룹과 손잡으면서 전체적인 덩치는 커졌지만 그 그룹 안에서는 구찌가 1등 브랜드가 될 수

톰 포드가 구찌를 떠나기 한 해 전인 2003년 3월,
이탈리아 밀라노에서 열린 구찌의 가을·겨울 컬렉션.

있었기 때문입니다. 실제로 2019년 케링 그룹 매출이 20조 원 정도였는데, 그의 60퍼센트가량을 구찌가 벌어들였어요. 구찌가 케링 그룹의 대표 선수인 겁니다.

합이 잘 맞았던 드 솔레와 톰 포드는 10여 년 뒤인 2004년에 구찌를 떠났습니다. 이후 톰 포드는 자신의 이름을 딴 브랜드 '톰 포드'를 출시하면서 경영 일선에서 물러나려는 드 솔레를 자기 브랜드의 CEO로 영입합니다. 서로의 안목과 능력을 잘 알고 있었기에 가능했겠죠. 두 사람이 떠난 뒤에도 한동안 성장세를 이어가는 듯하던 구찌는 2013년부터 브랜드 파워가 주춤해졌는데요. 당시 패션업계에서는 사람들이 구찌에 싫증을 내기 시작했다고 평가하기도 했지요.

2014년 말, 마르코 비자리Marco Bizzarri가 구찌의 새로운 CEO로 부임합니다. 그는 이미 스텔라 매카트니에서 흑자 전환을 주도했고, 보테가 베네타에서는 매출을 2배 이상 성장시키는 등 능력이 입증된 인물이었습니다. 그런데 그가 CEO로 부임해 새로운 수석 디자이너를 발탁하면서 또다시 패션계 인사들이 수군거렸습니다. 유명 디자이너가 아닌 구찌에서 12년간 일한 무명의 디자이너, 알레산드로 미켈레Alessandro Michele를 수석 디자이너로 기용했기 때문입니다.

비자리는 CEO에 부임한 뒤 인사 담당 임원에게 구찌 내부에서 가장 중요하다고 생각하는 직원들 리스트를 만들어 달라고 요청했습니다. 핵심 인재를 살피고 면담하기 위해서였죠. 그 리스트에 오른 직원들 중 한 사람이 미켈레였습니다. 비자리가 미켈레를 만나러 로마에 있는 그의 아파트를 찾아갔을 때 예정된 면담 시간은 30분

정도였다고 합니다. 그런데 미켈레와 대화를 나눌수록 비자리는 두 사람 사이에 뭔가가 통한다고 느꼈다고 해요. 결국 예정된 시간을 훌쩍 넘겨 면담은 4시간 가까이 이어졌습니다. 훗날 비자리는 미켈레의 아파트를 나서던 순간이 아직도 기억난다면서 당시 이런 생각을 했다고 회상하죠. "오, 신이시여, 최고의 인물이 우리 회사에 있었네요." 그리고 이렇게 얘기합니다.

"신임 CEO인 내게 가장 안전한 결정은 유명한 디자이너를 데려오는 것이었습니다. 그렇지만 내가 원했던 게 사람들의 기대를 충족시키는 것이었을까요? 아니면 정말 옳다고 느끼는 방향으로 결정하는 것이었을까요?"

훗날 비자리가 미켈레를 평가한 말 중 제가 가장 인상적이었던 것은 이 부분입니다.

"나는 누구보다 노멀normal한 사람을 원했다."

사실 미켈레의 헤어스타일이나 옷차림 등 겉모습을 보면 '평범'하다는 표현은 다소 어색해 보입니다. 하지만 비자리가 말한 '노멀'은 겉모습에 관한 이야기가 아니었습니다. 우수한 교육을 받았고, 거대한 조직인 구찌 내부를 잘 이해하고 있으면서도 다른 직원들과 원만히 소통하고, 자신의 디자인만 강요하지 않되 왜 그렇게 디자인했는지를 구찌라는 브랜드의 맥락에서 설명할 수 있는 힘, 그것이 비자리가 말한 '노멀'의 뜻이었던 겁니다. 비자리는 구찌의 정체성이 완벽하게 녹아 있고 트렌드도 반영하지만 남들과 다른 새롭고 독특한 무언가를 만들어낼 인물이 바로 미켈레라고 판단했던 겁니다.

2019년 미국 캘리포니아주에서 열린 LACMA 아트+필름 갈라 행사에
참석한 마르코 비자리(왼쪽)와 알레산드로 미켈레(오른쪽).
구찌는 매년 미국 예술가와 영화 감독을 기리는 이 행사의 후원사로
지역 예술 및 영화 커뮤니티를 꾸준히 지원해왔다.

실제로 미켈레는 그동안 축적된 구찌의 방대한 아카이브에서 특정한 코드를 끌어내 브랜드를 완벽하게 재창조했다는 평가를 받습니다. 톰 포드가 성적인 코드를 극단적으로 강조해서 디자인했다면, 미켈레는 중성적인 느낌으로 디자인 방향을 전환했습니다. 이 같은 변화에 밀레니얼 세대가 특히 열광적인 반응을 보였죠. 구찌는 여기에 그치지 않고 디지털 채널을 강화하고, 사계절 패션을 고수하지 않는 방식의 디자인을 계속 선보일 예정이라고 합니다. 구찌라는 브랜드의 유산을 지키되 시대의 변화에 적응하겠다는 행보로 해석할 수 있겠습니다.

마르코 비자리 역시 시대의 흐름을 존중하고 있습니다. 젊은 직원들의 의견에 귀를 기울이며 '퍼 프리Fur-Free'를 선언했고, 그 결과 2018년 이후 구찌 컬렉션에서 밍크, 여우, 토끼 등의 모피 제품이 사라졌습니다. 젊은 세대를 위한 여행 앱, '구찌 플레이스'를 개발해 미켈레가 영감받았던 장소를 소비자들이 직접 방문해서 교감을 나누는 계기를 만들기도 했습니다. 서울의 한 미술관을 한국의 첫 구찌 플레이스로 삼기도 했고요. 이렇게 시대의 변화에 호응했기 때문일까요? 최근 구찌 매출의 절반 이상은 35세 미만의 소비층에서 발생했다고 합니다.

이처럼 구찌의 역사를 들여다보면, 한 브랜드가 탄생하고 번성하고 쇠퇴하고 부활하는 그 모든 과정에 '사람'이 있다는 사실을 다시 한번 확인합니다. 특히 앞에서 브랜드를 이끄는 한두 사람의 판단과 결정이 브랜드 전체의 생사를 가를 수 있다는 점도 말입니다.

불멸의 사랑,
운명을 거스르다

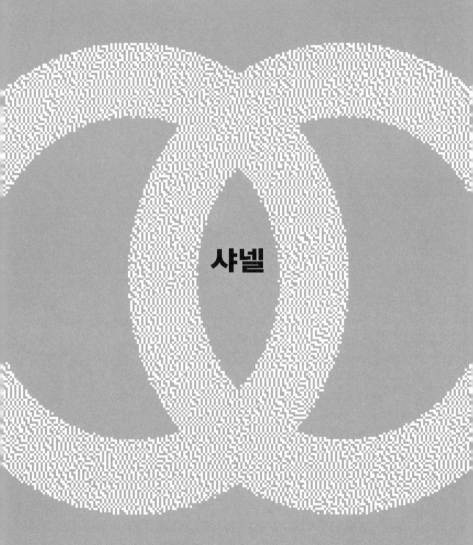

샤넬

핸드백을 사기 위해 사람들을 달리게 만드는 유일무이한 브랜드가 있습니다. 해마다 상품 가격을 올려서 고객의 불만을 불러일으키지만 막상 가격을 올리기 전날이면 수많은 사람이 새벽부터 백화점 앞에서 줄을 서기도 하죠. 백화점 셔터가 올라가는 순간, 줄을 서 있던 모든 사람이 일제히 매장으로 달려갑니다. 일명 '오픈 런'이라고 부르는데요. 이 같은 오픈 런은 가격 인상 직전에만 볼 수 있는 건 아닙니다. 이 브랜드의 한정판 제품이 어느 백화점에 풀린다는 정보가 돌아도 같은 광경을 목격할 수 있어요.

특히 대중음악계의 많은 유명 인사가 사랑하는 브랜드이기도 합니다. 국내 아이돌 '블랙핑크' 멤버 제니는 이 브랜드를 좋아하는 걸로 잘 알려졌고, 지드래곤은 이 브랜드 최초의 아시안 남성 글로벌 앰배서더ambassador로 선정되기도 했었죠. 이미 어떤 브랜드인지 눈치채셨을 듯합니다. 루이비통, 에르메스와 함께 세계 3대 명품으로 꼽히는 브랜드 중 하나이자, 캐주얼하기보다 격식 있는 차림새를 떠올리게 되는 명품 브랜드, 창립자이자 디자이너인 가브리엘 코코 샤넬Gabrielle Coco Chanel이 끊임없이 소환되는 브랜드 '샤넬Chanel'입니다.

불우했던 소녀
운명을 개척하다

브랜드 샤넬의 이야기는 기구한 운명을 타고난 한 소녀로부터 출발합니다. 19세기 후반, 프랑스 남서부의 소뮈르에서 태어난 이 소녀의 이름은 가브리엘 샤넬입니다. 일찍이 어머니를 여읜 후, 열두 살 때 잡상인이던 아버지에게 버림받는데요. 처음에는 동생과 함께 잠시 보육원에 맡겨진 것으로 알았지만 실제로는 버려졌다는 사실을 뒤늦게 깨닫고 세상이 끝난 것 같은 고통과 무력함을 느꼈다고 합니다. 그러나 그대로 주저앉지 않고 생계에 도움이 될까 싶어 바느질을 배웠다고 해요. 뛰어놀기만 해도 모자랄 나이에 살아남기 위해 보육원에서 일을 배워야 했던 삶은 아주 막막하고 비참했을 겁니다. 하지만 그때 그녀는 몰랐겠죠. 그 시절에 배운 바느질이 자신의 삶을 어떻게 바꿔놓을지, 훗날 자신을 얼마나 높은 곳으로 데려가줄지 말입니다.

먹고살 길을 찾기 위해 애쓰던 샤넬은 군인들이 주 고객인 뮤직홀, '라 로통드'에 취직합니다. 처음에는 보조 가수 정도였지만 갈수록 큰 인기를 끌게 되죠. 그녀는 〈코 코 리 코Ko Ko Ri Ko〉〈코코가 트로카데로에서 누구를 만났던가Qui qu'a vu Coco dans le Trocadero〉라는 노래를 자주 불렀어요. 거기에서 '코코'라는 별명이 탄생했고 훗날 본명인 가브리엘보다 코코라는 이름으로 더 유명해졌죠. 하지만 샤넬은 이 이름이 불우했던 시절의 기억을 불러와서였는지 별로 좋아하지 않았다고 하지요.

가수로서 샤넬의 인기는 높아졌지만 생활이 근본적으로 달라지지는 않았어요. 그러던 어느 날, 샤넬은 프랑스 기마대에 복무하던 에티엔 발장이란 군인을 만납니다. 그는 1천5백 명의 직원을 거느린 공장주의 아들로, 군인이라기보다 '부잣집 아들'이 직업이라고 해도 과언이 아닌 인물이었습니다. 경마에 미쳐 오로지 경마용 말을 키우려고 대저택을 마련할 정도였으니까요. 발장은 샤넬에게 매력을 느꼈고, 자신의 저택에 들어와 살지 않겠냐고 제안합니다. 팍팍한 현실에서 벗어나고 싶었던 샤넬은 1907년, 발장의 집으로 들어가는데, 그녀의 운명은 그곳에서 전환점을 맞이합니다.

　　저택에는 샤넬 외에도 발장이 데려온 여성이 여럿 있었습니다. 그가 샤넬을 홀대하지는 않았지만 그렇다고 해서 샤넬이 유일한 존재도 아니었어요. 샤넬은 함께 사는 다른 여성들을 보면서 집주인 한마디면 쫓겨날 정부 신세로 늙고 싶지 않다고 생각합니다. 자기 운명을 개척하려면 돈을 벌어야겠다고 마음먹기에 이르죠. 하지만 딱히 좋은 방법은 떠오르지 않았어요. 그런데 가만히 보니 발장의 저택에 사는 여성들의 옷차림이 눈에 들어왔죠. 모두 하나같이 몸매를 드러내는 화려한 드레스 차림으로 지내고 있었던 거예요. 당시 귀족 부인들의 옷차림을 흉내 낸 것이었는데, 정작 샤넬은 깡말라서 그런 스타일의 옷이 어울리지 않아서 좋아하지 않았어요. 샤넬은 그 같은 화려한 스타일 대신 단순한 옷차림에 치렁치렁하지 않은 작은 모자를 만들어 썼는데, 함께 생활하던 여성들도 샤넬이 만든 모자를 마음에 들어 합니다.

이즈음 샤넬은 고민이 많았던 것 같아요. 대저택에 살면서 고급스러운 음식을 먹을 수 있었지만 그런 생활을 본인이 직접 이뤄낸 것은 아니었으니까요. 보육원과 수녀원에서 지낼 때와는 또 다른 답답한 현실 속에서 시름에 빠졌고, 그 심란함을 말을 타며 달랬죠. 이때 승마에 열중하면서 마부 소년들과 어울리기도 했는데, 그들이 입고 있던 간편하고 편안한 옷차림에 관심을 기울입니다. 샤넬 자신도 승마복이 필요해서 직접 맞춤복 가게를 찾아갔다고 하고요. 샤넬이 만들어낸 아이템을 보면 동시대의 옷에 비해 단순하면서 활동성에 집중한 스타일이 많은데, 발장의 저택에서 살면서 쌓았던 경험과 취향이 훗날 디자인에 영향을 끼친 것 같습니다.

승마에 몰입해 있던 때 샤넬은 한 남자를 만나는데요. 그녀가 직접 '지금의 샤넬을 만든 사람'이라고 말했던, 샤넬이 유일하게 사랑했던 남자 아서 카펠Arthur Capel입니다. 초록빛 눈동자에 '보이'라는 별명을 가진 영국 남자 아서 카펠은 발장의 친구이자, 석탄 개발에 투자해 큰돈을 번 젊은 재벌이었습니다. 훗날 카펠의 무엇에 그리 반했느냐는 질문을 받고, 샤넬은 그의 초록색 눈동자와 무심한 태도가 단번에 자신의 마음을 사로잡았다고 답하기도 했습니다. 참고로 샤넬의 시그니처 아이템 중 하나인 '보이 백' 역시 아서의 별명에서 이름을 따온 것입니다.

사랑이 삶에 활력을 불어넣었을까요? 얼마 뒤 샤넬은 발장에게 모자를 만들어 팔아보겠다고 얘기합니다. 그리고 1909년, 드디어 파리에 위치한 발장의 집에서 샤넬의 모자가 선을 보입니다. '샤넬'

1910년경, 골프를 즐기고 있는 코코 샤넬(위). 당시 여성들이 주로 입던 의복과 달리 활동적인 디자인의 복장을 하고 있다. 1917년 생 장 드 루즈 해변에서 코코 샤넬과 그녀의 연인 아서 카펠(사진 속 가운데)의 모습(아래).

이라는 브랜드가 첫발을 내딛는 순간이기도 했습니다. 당시만 해도 이 모자는 파격적인 스타일이었는데 만들기가 무섭게 팔려나갑니다. 특히 발장의 집에 놀러 오던 발장의 친구와 애인들이 충성스러운 고객이 되어줍니다. 하지만 저택에서 소규모로 상품을 제작하는 방식은 생산과 판매에 한계가 있었습니다. 자신이 만든 모자가 지속적으로 인기를 얻으리라고 확신한 샤넬은 결심하죠. 더 큰 시장으로 나가서 더 비싸게 팔아야겠다고요. 하지만 문제는 사업자금이었습니다. 샤넬의 사업에 그다지 큰 관심이 없던 발장은 돈을 빌려주지 않았고, 포기의 기로에서 고민하던 그 순간 보이 카펠이 구세주처럼 나타납니다. 성공한 기업가였던 카펠이 직접 보증을 서서 샤넬이 은행 대출을 받도록 도와준 겁니다. 그렇게 파리 캄봉가 31번지에 모자를 파는 샤넬의 첫 매장이 문을 열었습니다.

이때 카펠은 샤넬을 위해 보증을 섰을 뿐만 아니라 샤넬의 사업자금 한도가 부족해지면 본인 계좌에서 돈이 빠져나갈 수 있도록 배려해줬습니다. 그의 지원은 여기서 끝이 아니었습니다. 배움이 짧은 샤넬이 자존심을 지키면서 교양을 키울 수 있도록 당대의 예술가들을 소개해줬고, 프랑스 휴양지 도빌에 숍을 내주기까지 하죠. 샤넬의 연인임과 동시에 안목 있는 사업가이기도 했던 카펠은 휴양지에서 사람들이 평소보다 더 꾸미고 싶어 할 거라고 생각했던 것인데, 그 예상은 틀리지 않았습니다.

이즈음 샤넬은 새로운 매장을 열면서 옷도 만들어 팔았는데요. 스스로가 너무 말랐다고 생각했던 그녀는 비교적 몸매가 많이 드러나지 않고 코르셋 없이 입을 수 있는 헐렁한 느낌의 옷을 만들었는데, 그런 스타일의 옷은 휴양지에서 편안하면서도 예쁜 옷을 입고 싶어 했던 사람들에게 인기를 끌었습니다.

샤넬의 스타일은 항상 샤넬 자신의 필요에서 비롯됐습니다. 당시 내놓은 투 톤 슈즈two-tone shoes가 대표적인 예인데요, 몸체는 베이지색을 띠면서 구두코에 검은색 천을 덧댄 디자인으로, 다리는 길어 보이게 하면서 발은 작아 보이게 하는 효과를 주었습니다. 이 같은 디자인 역시 샤넬 본인이 필요해서 만든 제품이었죠. 샤넬은 여기에 그치지 않고 기존의 스타일은 유지하면서 기능을 더하는 새로운 버전의 여성복도 제작했습니다. 남성 운동복이나 속옷에 쓰이는 옷감을 활용한 신제품도 많이 팔립니다.

유일한 사랑을 잃고
다시 시작하다

안정적으로 매장이 운영되던 무렵, 제1차 세계대전이 발발합니다. 그런데 이 전쟁은 오히려 샤넬에겐 더 큰 기회를 주었습니다. 이때도 카펠은 사업적인 관점에서 조언했습니다. 그는 "절대 매장 문을 닫지 말고 상황을 지켜보면서 계속 운영하라"라고 말했는데, 왜 그런 조언을 했을까요? 샤넬 매장이 있던 휴양지 두 곳에는 피난을 온 파리지앵과 전 세계의 귀족들이 있었습니다. 전쟁 때 휴양지에서 자연스럽

1969년 12월, 배우 캐서린 헵번이 세실 비튼이 디자인한
뮤지컬 〈코코〉 세트장에서 포즈를 취하고 있다.
사진 속 구두가 샤넬이 디자인한 투 톤 슈즈이다.

게 샤넬 매장을 찾는 고객층이 확대되고 샤넬이란 브랜드가 파리를 넘어 전 유럽으로 퍼져나가는 계기를 맞은 겁니다. 또한 전쟁에 참전한 남성들을 대신해 사회로 진출한 여성들이 많아지면서 예쁘면서 편하기까지 했던 샤넬 스타일은 더 큰 인기를 끕니다.

샤넬은 연인이었던 카펠에게 큰 도움을 받았지만 그와 결혼으로 맺어지지 못할 거라는 걸 알았습니다. 카펠처럼 샤넬도 야심가였고 심지어 카펠은 귀족 출신의 재벌이었으니 당연히 결혼하지 못 할 거라고 생각했던 것이죠. 실제로 카펠은 자신의 사업을 더욱 공고히 하기 위해 1918년에 영국의 귀족 여성과 결혼하지만 그 이후에도 샤넬과 카펠의 관계는 지속됩니다. 카펠의 결혼 당시 샤넬은 허리 아래까지 내려오던 긴 머리를 짧게 자르는데 이 스타일이 유행하기도 했습니다.

그로부터 약 1년 뒤인 1919년 12월 22일 추운 겨울의 새벽, 누군가가 샤넬의 집 초인종을 마구 울립니다. 막아서는 하인을 뿌리치고 들어오는 손님의 행동에 샤넬은 불길한 일이 벌어졌음을 직감하죠. 갑자기 찾아온 그 손님은 카펠이 교통사고로 죽었다는 소식을 전했습니다. 샤넬은 큰 충격을 받은 채 하루를 꼬박 새워 사고지점으로 향했고, 교통사고 현장에 아직 남아 있던 카펠의 차를 어루만지며 그 자리에 주저앉아 몇 시간이나 통곡했다고 합니다. 그 이후 집에 돌아와 커튼부터 벽지, 베개, 이불에 이르기까지 집 안의 모든 것을 검은색으로 바꿨다고 하죠. 훗날 샤넬은 카펠을 두고 이렇게 이야기합니다. "그를 만난 건 내 인생 최고의 행운이었다. 그는 나의 오빠였고, 아버지였고, 가족이었다. 나는 카펠을 잃으면서 모든 걸 잃었다."

　샤넬은 카펠의 죽음 이후 아주 유명한 귀족들을 여럿 만나는데요. 샤넬이 그들을 정말 사랑했는지, 그들과의 만남이 카펠을 잊기 위한 방편이었는지는 확실치 않습니다. 샤넬 스스로 자신의 유일한 사랑은 카펠이었다고 밝혔으니 아마 후자에 가까웠겠지만, 어쨌든 그 당시 만난 귀족들을 통해 영감과 위로를 얻고 사업적으로도 도움을 받은 것은 분명해 보입니다.

　샤넬의 연인 중에는 러시아 황제의 조카였지만 혁명으로 몰락한 드미트리 대공Grand Duke Dmitri Pavlovich이 있었는데요. 그와 함께 휴가를 보내던 중에 향수를 만드는 조향사 에르네스트 보Ernest Beaux라는 사람과 만나는데, 그 만남이 샤넬에게 또 다른 전기를 만들어줍니다. 샤넬은 그 전부터 향수를 만들고 싶어 했고, 에르네스트 보는 믿을 만한 파트너가 필요한 상황이었기에 두 사람은 즉시 의기투합하게 되죠.

　에르네스트 보는 곧바로 시제품을 만들기 시작합니다. 그리고 1921년 어느 날, 샤넬에게 열 가지 향을 선보입니다. 1번에서 5번까지, 20번에서 24번까지 번호를 매긴 것들이었죠. 샤넬은 그중에서 다섯 번째 시제품이 마음에 쏙 들었습니다. 그리고 그 향의 향수를 출시하기로 마음먹고 이렇게 이름을 붙이죠. '샤넬 N°5' 1921년 5월 5일 출시된 이 향수에 처음으로 샤넬의 로고인 '더블 C 마크'가 쓰이기도 했죠. 이때 유행하던 향수의 이름이 대부분 '봄의 욕망' '저녁

코코 샤넬과 러시아의 드미트리 파블로비치 대공. 제1차 세계대전으로
프랑스 귀족과 부유층 상당수가 피난을 떠났을 때, 샤넬은 이들을 겨냥해
부티크를 열었고, 이때 만난 사람이 러시아 로마노프 왕조의 후손인
드미트리 대공이다. 전쟁이 끝난 후 1919년, 드미트리 대공은 파리로
돌아와 샤넬과 재회했으며, 두 사람은 연인이 되었다.

의 도취' 같은 식이었다는 걸 생각해보면 파격적인 이름이었어요. 샤넬은 나중에도 어깨끈 있는 핸드백을 만들고는 그 핸드백에 'THE 2.55 Bag'이라고 이름을 붙이기도 했습니다.

샤넬은 처음에 샤넬 N°5를 VIP 손님에게 슬쩍 주는 식으로 마케팅했습니다. "파는 건 아니고 당신에게만 드리는 거예요"라는 식이었죠. 그런데 이 향수가 입소문을 타면서 물량을 맞출 수 없을 정도로 팔려나갑니다. 매릴린 먼로가 "잠잘 때 어떤 옷을 입느냐"는 기자의 질문에 "샤넬 N°5 말고는 아무것도 입지 않는다"라고 답했던 유명한 일화도 있죠.

향수가 불티나게 팔리고 있으니 당연히 더 많이, 더 빨리 생산하고 싶어 했지만 당시 샤넬의 역량으로는 대량 생산이 쉬운 일이 아니었습니다. 그즈음 샤넬의 그런 사정을 잘 알고 있던, 파리의 유명 백화점 라파예트의 사장이 한 사람을 소개해줍니다. 당시 연예인들이 사랑하는 브랜드로 유명했던 '부르주아'를 창립해 재벌이 된 피에르 베르타이머Pierre Wertheimer였어요. 그는 이미 제품의 대량 생산에 관한 충분한 노하우가 있었기 때문에 샤넬은 그와 힘을 합치기로 마음먹습니다. 그렇게 1924년, 샤넬과 에르네스트 보, 피에르 베르타이머는 함께 회사를 설립하고, 샤넬은 판매수익의 10퍼센트를 받는 조건으로 계약을 체결하면서 비로소 샤넬 N°5의 물량 공급은 원활해질 수 있었습니다.

샤넬은 드미트리 대공과 만나면서 러시아 귀족들과도 인맥을 쌓았는데요. 그들과 교류하면서 러시아 전통 자수를 눈여겨보고 이

걸 접목한 옷을 만들기도 하죠. 뿐만 아니라 드미트리의 동생 마리아를 자수 관리 책임자로 발탁했고, 능력은 별로 없었지만 외모는 뛰어났던 다른 러시아 망명 귀족들에게 모델 일을 맡기거나, 점원으로 채용하는 등의 도움을 주었습니다. 엄밀히 말하면 샤넬이 일방적으로 도움을 줬다기보다 상부상조의 관계에 가까웠겠지만 이 일은 훗날 샤넬이 거의 망하기 직전 그녀를 부활시키는 데 큰 역할을 합니다.

샤넬의 유명한 연인은 또 있었는데, 유럽 최고의 부자인, 대영제국의 웨스트민스터 공작입니다. 샤넬은 그와 함께 요트, 승마, 사냥, 낚시를 다니면서 영국 남자들이 입던 트위드 소재를 눈여겨보고 이걸 활용해 재킷을 만들어냈습니다. 이 트위드 재킷은 지금까지도 샤넬의 가장 대표적인 아이템으로 손꼽히죠.

샤넬의 추락,
그리고 뜻밖의 반전

천부적인 재능과 야심, 여기에 날개를 달아준 인맥까지, 이 모두를 손에 쥔 샤넬이었지만 제2차 세계대전의 여파를 피해 가지는 못했습니다. 전쟁으로 인해 향수와 액세서리 매장을 제외한 대부분의 매장이 문을 닫은 것이죠. 이때 샤넬에게 새로운 연인이 등장합니다. 상대는 열세 살 연하인, 나치 독일의 외교관 군터 폰 딩클라게Hans Gunther Von Dinklage로, 샤넬은 이 연애 때문에 아주 오랫동안 발목을

샤넬은 웨스트민스터 공작과 요트, 승마, 사냥을 하면서
영국 남자들이 입은 트위드 소재를 주목했다.
샤넬의 시그니처가 되기도 한 트위드 자켓.

잡힙니다. 제2차 세계대전이 끝난 뒤에 이 독일 외교관과의 깊은 관계가 문제가 되면서 결국 프랑스에서 쫓겨나다시피 했기 때문입니다. 이 일을 두고 훗날 샤넬은 이렇게 말하죠. "예순이 다 된 나이에 어떤 젊은 남자가 나를 마음에 든다고 하는데 당신들은 그 남자 신분이 무엇인지 따질 건가요?" 한편으로는 전쟁 당시 샤넬의 조카가 독일군 포로로 잡혀 있었으므로 샤넬로서는 여러모로 나치에 밉보이면 곤란했을 겁니다. 그러나 샤넬의 입장이 어떻든 프랑스 국민은 샤넬을 용서하지 않았죠.

불명예스럽게 프랑스를 떠난 샤넬은 스위스에 머물면서 서서히 잊혀갔어요. 그사이 패션계는 다시 여성의 몸매를 돋보이게 하고 화려함을 강조하는 스타일이 대세를 이룹니다. 그런 스타일의 대표 주자였던 디올이 왕좌를 차지하면서 샤넬은 점점 더 설 자리를 잃어 갔죠.

세월은 다시 속절없이 흘러 14년이 지나가버립니다. 브랜드 샤넬이 향수 회사 정도로 전락한 1954년 초, 샤넬은 패션업계로의 복귀를 준비하는데요. 당시 샤넬의 나이가 일흔하나라는 걸 생각해보면 대단하다고밖에 말할 수가 없습니다. 하지만 일과 사랑, 이 두 가지를 큰 기둥으로 삼아 흘러온 샤넬의 인생이 계속되는 한 그 무엇도 그녀에게서 일을 빼앗을 수는 없었을 겁니다.

샤넬은 재기를 꿈꾸며 파리에서 패션쇼를 열었지만 기대와는 다르게 패션계의 반응은 좋지 않았습니다. '참혹했다'라고 표현해도 모자라지 않을 정도였죠. 프랑스를 포함한 유럽은 그녀의 '과거'를 잊지 않았고 그녀의 '현재'를 지지하지 않았습니다. 패션지에서도 샤넬은 '구닥다리'라는 식으로 혹평을 해댔고요.

하지만 반전은 유럽이 아닌 미국에서 찾아옵니다. 샤넬의 지난 행적을 문제 삼았던 유럽과 달리 미국은 그녀의 과거에 대해 별 관심이 없었거든요. 샤넬의 복귀 패션쇼에 등장한 의상들은 미국의 고급 상점가에서 불티나게 팔려나가기 시작했죠. 드미트리 대공의 동생이자 샤넬의 자수 책임자였던 마리아를 비롯해 러시아에서 미국으로 망명 온 귀족들이 그 당시 뉴욕에 살고 있었다는 것도 샤넬에게는 힘이 되었습니다. 러시아 망명 귀족과 그 후손 중에는 언론인도 있었는데, 그들은 자신들이 힘들 때 도와줬던 샤넬을 잊지 않았습니다. 샤넬에게 열광적인 지지를 보낸 것이죠.

미국에서 샤넬의 인기에 불이 붙을 수밖에 없었던 이유가 한가지 더 있습니다. 디올의 화려한 디자인에 비해 샤넬의 심플한 스타일이 카피copy하기 편했기 때문입니다. 그러니 의류 업자들이 샤넬을 선호할 수밖에요. 어쨌든 이렇게 언론과 패션업계 모두의 찬사 속에서 샤넬의 인기는 날로 치솟았습니다. 1963년에 케네디가 암살당했을 때 케네디의 부인인 재클린이 입고 있던 드레스도 샤넬의 것이었죠. 그렇게 미국이 샤넬을 되살렸고, 이 바람은 다시 유럽으로 번집니다. 끝난 줄 알았던 노년의 샤넬이 화려하게 돌아온 셈이죠.

여기서 잠깐 샤넬의 소송전에 대한 흥미로운 일화가 있어 소개해볼까 합니다. 앞에서 샤넬 향수의 대량 생산을 위해 샤넬이 베르타이머와 손을 잡았다고 말씀드렸었는데요. 하지만 계약할 때를 제외하면 샤넬이 계약 조건에 만족한 적은 단 한 순간도 없었다고 합니다. 예상보다 샤넬 N°5가 많이 판매됐기 때문에 10퍼센트 수익으로는 부족하다고 생각했던 것이죠. 그래서 샤넬은 틈만 나면 변호사를 고용해서 계약을 무효화하기 위해 애썼다고 해요.

이와 관련해서 이런 일도 있었습니다. 유대인 가문 출신의 베르타이머가 나치를 피해 프랑스를 떠나 미국으로 갔을 때였습니다. 샤넬은 지금이 기회라고 생각해 베르타이머와 함께 만든 법인을 해산시키려 했어요. 그렇게 되면 계약은 무효화되고 향수는 남을 테니까요. 하지만 베르타이머 역시 그리 만만한 상대가 아니었습니다. 그는 법인을 지키기 위해 먼저 미국인 특사를 프랑스에 파견합니다. 그 특사에게 펠릭스란 사람의 회사 지분을 사들이라고 지시하죠. 그는 이 사업과 전혀 상관없는 것처럼 보이는 나치 독일의 협력자였는데요. 샤넬이 법인을 없애려고 덤비는 사이 베르타이머는 자신이 보유한 향수 회사의 지분을 펠릭스에게 넘겨버립니다. 결국 샤넬 N°5를 만드는 향수 회사는 펠릭스 소유가 돼버린 것이죠. 펠릭스는 독일의 협력자였으므로 나치는 이 회사를 건드리지 않았고, 전쟁이 끝난 뒤에 독일의 패전과 함께 전범으로 몰린 펠릭스는 다시 향수 회사 지분을 베르타이머 가문에 넘깁니다.

이토록 치열한 공방을 벌였음에도 불구하고 향수 회사를 손에 넣지 못한 샤넬은 결국 타협하고 말죠. 전 세계 향수 판매수익의 2퍼센트와 함께 죽을 때까지의 호텔 숙박비, 세금, 비서와 하인, 차량과 기사 등 생활과 사업에 필요한 모든 비용을 일종의 종신 연금처럼 받는 조건으로 기나긴 소송을 그만둡니다. 여기에서 아이러니한 것은 이런 지난한 과정 끝에 샤넬과 베르타이머 사이에 우정이 싹텄다는 사실입니다. 오랫동안 다툼을 벌였지만 결국 서로의 능력을 인정하면서 친구가 된 거죠.

지금도 브랜드 샤넬의 최대 주주는 베르타이머 가문입니다. 미국의 경제 전문지 《블룸버그》에 따르면 베르타이머 형제는 각각 35조 원 정도의 재산을 가진 세계 37위 부자입니다(2020년 7월 기준). 그런데도 가끔 자가용을 직접 몰고 패션쇼에 참석하고, 패션쇼장에서도 뒷자리에 앉아 숨은 듯이 쇼를 보고 퇴장하는 것으로 알려져 있어요. 그래서인지 뉴욕에서는 지하철을 타고 다녀도, 사람들은 이들을 몰라본다고 하죠. 베르타이머 가문은 국제적 금융기업을 보유한 금융재벌가인 로스차일드 가문처럼 오래된 유럽 부자 가문끼리만 어울리면서 생활하고 지금도 무대 뒤에서만 움직이고 있습니다.

샤넬의 죽음과
칼 라거펠트의 등장

다시 시간을 돌려 1971년으로 가보겠습니다. 노년에도 잘 쉬지 않고 바쁠 땐 먹지도 않고, 혼자 있는 것을 못 견뎌했던 샤넬은 새벽 3~4시까지 일하면서 직원들까지 집에 못 가게 괴롭히기도 했었는데요. 그랬던 그녀가 여든셋의 나이로 세상을 떠납니다. 말년에는 종손녀에게 "너희가 옳다. 나는 혼자이고 내 인생은 실패다"라고 말했다고 도 하죠. 가난하게 자랐지만 화려하게 살았고, 강인하고 뜨거웠으며 야심만만했던, 그러나 외로웠던 한 여성의 삶이 그렇게 막을 내렸습니다.

샤넬의 죽음 이후 샤넬이라는 브랜드는 서서히 쇠락합니다. 평생의 숙적이자 동지였던 맞수, 피에르 베르타이머도 이미 예전에 사망했고, 그의 아들은 경영에 관심이 없었어요. 그러다 결국 그의 손자인 알랭 베르타이머가 스물다섯에 샤넬의 경영권을 손에 넣습니다. 알랭은 나이는 어려도 사업적인 능력이 뛰어난 인물이었습니다. 그는 샤넬을 살리기 위해 새 경영진을 영입하기로 하죠. 이후 샤넬의 부활을 꿈꾸던 경영진 앞에 한 사람이 등장하는데, 그는 바로 독일 출신의 디자이너이자 파리 디자이너 콘테스트에서 입생 로랑과 함께 우승하면서 패션계에 데뷔했으며 발맹, 발렌티노, 클로에, 펜디 등의 브랜드에서 디자이너로서 승승장구한 전설의 패션왕, 칼 라거펠트Karl Lagerfeld입니다. 참고로 라거펠트가 디자이너 콘테스트에서 우승할 당시의 심사위원은 위베르 드 지방시Hubert de Givenchy와 피에르 발맹Pierre Balmain이었습니다. 천재가 천재를 알아봤다고 해도 과언은 아니죠.

그런데 여기에서 한 가지 의문이 생깁니다. 샤넬은 왜 칼 라거펠트를 수석 디자이너로 영입했을까요? 구찌는 회사가 몰락할 위기에서 무명이었던 톰 포드와 알레산드로 미켈레를 발탁해 부활했었는데요, 지금에 와서 생각해보면 샤넬도 '라거펠트가 유명한 디자이

1984년, 샤넬에 합류한 칼 라거펠트가 파리의 샤넬 스튜디오에서
새로운 오트쿠튀르 컬렉션을 마친 모습. 라거펠트가 부임한 이후
샤넬은 재정적인 어려움을 극복하고 부활했다.

너이니까 당연히 잘해낼 거라고 생각해서 영입한 게 아닐까?'라고 말할 수도 있겠지만 당시에는 확신할 수 없는 선택에 가까웠습니다. 게다가 라거펠트가 독일인이라는 점, 기성복 디자이너라는 점 때문에 주변으로부터 많은 반발을 사기도 했고요.

부활을 꿈꾸던 샤넬 경영진은 라거펠트의 경력을 눈여겨봤었다고 해요. 하지만 그를 영입한 이유가 그것만은 아니었어요. 결정적인 한 방은 따로 있었습니다. 샤넬의 경영진이 주목한 지점은, 그때까지 그가 만든 디자인 중에서 샤넬을 카피하거나 샤넬의 영향을 받은 게 없어 보였다는 점입니다. 이 사실을 통해 경영진은 '라거펠트라면 샤넬을 완전히 탈바꿈할 수 있겠구나'라고 생각했다고 합니다.

1983년 9월, 칼 라거펠트의 샤넬 영입이 공식적으로 발표됩니다. 그리고 라거펠트는 몇 개월 뒤인 1984년 1월 샤넬의 오트쿠튀르 컬렉션 데뷔 무대를 통해 샤넬을 부활시켰다는 평가를 끌어내죠. 이듬해부터는 크리에이티브 디렉터로서 샤넬을 재건하는 데 전력을 다합니다. 라거펠트는 샤넬에서 첫 무대를 준비할 당시 코코 샤넬과 아서 카펠의 연애 시절 사진을 비롯해 샤넬이 찍힌 모든 사진을 한 장도 빼놓지 않고 샅샅이 다 찾아봤다고 해요. 브랜드를 만든 샤넬의 정신을 헤아린 다음 그걸 기반으로 트렌디함을 더하겠다는 의도였던 겁니다. 그렇게 라거펠트의 지휘 아래 샤넬의 클래식한 아이템은 젊고 캐주얼한 감각을 입었고, 한때 '할머니나 좋아할 만한 브랜드'라는 대중의 인식을 깨뜨리고 세대를 뛰어넘어 사랑받는 브랜드로 완벽히 부활합니다.

2020년 10월 파리 패션위크 샤넬의 봄·여름 컬렉션.
무대가 끝난 뒤 인사하는 버지니 비아르.

더불어 패션쇼에는 전문 모델이 서야 한다는 고정관념을 버리고 크리스틴 스튜어트, 키이라 나이틀리, 카이아 거버 등의 유명인들을 모델로 대거 기용하기도 했죠. 송수원 패션디자이너는 "칼 라거펠트는 보수적인 샤넬 클래식의 전통을 해체하는 과정에서, 역설적이게도 젊은 시절 샤넬이 가졌던 변화를 두려워하지 않는 모더니티의 정신을 되살릴 수 있다고 보았다"라고 이야기합니다. 또한 최고급 브랜드답게 최고의 프랑스 수공예 공방 기술을 사용해 깃털, 단추, 자수, 구두 등 오직 샤넬을 위한 값비싼 소재들을 제작해내기도 했고요. 샤넬 브랜드 이미지의 외연을 확장하는 한편 범접할 수 없는 샤넬의 위상과 명성을 굳건히 지켜냈어요.

그러나 시간의 흐름을 막을 수 없죠. 샤넬을 화려하게 부활시킨 칼 라거펠트도 2019년에 세상을 떠납니다. 그의 죽음과 함께 샤넬 브랜드는 또 다른 전성기를 열어야 하는 과제를 안게 됐죠.

100년에 이르는 샤넬의 역사에서 가브리엘 코코 샤넬, 칼 라거펠트의 뒤를 이을 책임자로, 1987년에 샤넬의 인턴으로 시작해 칼 라거펠트와 30년 넘도록 함께 일해온 버지니 비아르Virginie Viard를 선택하는데요. 그녀는 칼 라거펠트가 인정한, 그와 함께 샤넬을 이끌어온 대표적인 인물입니다. 그와 동시에 샤넬은 1983년부터 이미지 디렉터로 일해왔던 에릭 프룬더Eric Pfrunder를 아티스틱 디렉터로 임명합니다. 칼 라거펠트와 30년 넘도록 함께 일해온 두 사람이 앞으로 샤넬을 이끌어가는 것이죠.

샤넬의 미래는 어떤 모습일까요? 분명한 건 샤넬은 샤넬이라는 겁니다. 샤넬의 얼굴이 되는 디자이너가 누구든지 간에, 그가 자기만의 샤넬을 보여준다고 해도 그 뿌리는 샤넬의 시작, 코코 샤넬에게 있을 겁니다.

코코 샤넬에 대한 평가 중에 이런 말이 있습니다. "생기고 없어지는 다른 디자이너들과 달리 코코 샤넬은 영원히 코코 샤넬일 것이다." 스스로 운명을 개척한 인간, 코코 샤넬이 떠났어도 그녀가 꿈꿨던 이상은 지금도 살아 숨 쉬고 있습니다.

변치 않는 고집으로
최고를 만들다

에르메스

04

2020년 여름, 한 명품 브랜드의 핸드백 하나가 한화로 약 3억5천 6백만 원에 팔리며 세계 최고가 핸드백 기록을 세웠다는 소식이 전해졌습니다. 대체 그 가방이 뭐길래 그렇게 비싸게 팔렸냐는 반응이 많았지만, 브랜드 이름을 듣는 순간 고개를 끄덕이는 분들도 있었을 겁니다. 소설이나 영화, 드라마 등에서도 '부유함'을 상징적으로 보여줄 때 이 브랜드 제품을 등장시키고는 하죠. 영화 〈기생충〉에서 글로벌 IT 기업 CEO인 박 사장의 아내가 두르고 있는 스카프, 집의 드레스룸에 진열된 핸드백 대여섯 개가 모두 이 브랜드의 제품입니다. 미국 드라마 〈섹스 앤드 더 시티〉에서 사만다가 5년을 기다렸지만 사지 못한 핸드백도 이 브랜드 제품이었습니다.

이 브랜드의 핸드백 가격은 수백만 원대에서 시작해, 특수한 가죽이 쓰였거나 보석이라도 달려 있으면 억대를 호가하기도 하는데요. 아무리 명품이라고 해도 너무 비싸다고 생각하는 사람들에게 이 브랜드의 대표는 호기롭게 말합니다. "우리 제품을 사는 건 소비가 아니라 투자입니다." 대체 무슨 근거로 하는 말일까요? 이 당당함은 어디에서 나오는 것일까요? 이번에는 그 자신감의 근거를 살펴보려고 합니다. 명품 브랜드 서열의 최상위를 차지하는 '에르메스Hermès'입니다.

소비가 아닌 투자라고
말할 수 있는 이유

에르메스에는 몇 종의 시그니처 핸드백이 있지만 그중에서도 가장 유명한 것은 '버킨 백'입니다. 드라마 〈섹스 앤드 더 시티〉에는 이 핸드백과 관련한 유명한 대사도 있죠. "이건 그냥 백이 아니라 버킨이에요." 킴 카다시안이나 빅토리아 베컴이 버킨 백을 사 모으는 것으로 유명하기도 하고, 가수 드레이크는 미래의 아내에게 주려고 시즌별로 버킨 백을 모은다고도 하죠. 유명인에게 천문학적인 돈을 주고 협찬이나 홍보를 의뢰하는 브랜드가 허다한데 에르메스는 협찬하지 않아도 많은 유명인이 자발적으로 수집하는 경우가 많아서 저절로 알려지는 명품이기도 합니다.

그렇다고 돈만 많다고 해서 에르메스의 버킨 백을 살 수 있는 것은 아닙니다. 생산 수량은 적은데 인기는 많아서 구매하려면 2년 넘게 기다려야 하는 제품도 있을 정도죠. 그래서 오히려 신상품보다 중고 상품 가격이 더 비싸게 형성된 예도 있습니다. 실제로 2020년 아트마켓리서치 보고서에 의하면 에르메스 핸드백의 가치가 지난 1년 동안 42퍼센트 상승한 반면, 세계적으로 화제를 몰고 다니는 화가 뱅크시 미술품의 가치는 평균 23퍼센트 올랐다고 합니다. 에르메스 대표가 말했던 '소비가 아니라 투자'라는 말이 완전히 틀렸다고 볼 수 없는 것이죠. 심지어 국내에 버킨 백을 담보로 대출해주는 대부 업체도 있습니다. 보통 담보로 설정되는 것은 아파트나 땅 등의 부동산이

에르메스 CEO 장 루이 뒤마는 영국의 유명 가수 제인 버킨의 이름을 붙여
'버킨 백'을 만들었다(100쪽 참조). 사진은 2013년 일본 도쿄에서 열린
'세르주 갱스부르를 노래하다' 공연의 기자 회견에 참석했을 때의
제인 버킨. 그녀가 들고 있는 가방도 버킨 백이다.

나 금은보석 등이 일반적인데, 핸드백 중에는 유일하게 버킨 백만 담보 설정이 가능하다고 하니 에르메스의 위상은 다른 명품 브랜드와는 차원이 다르네요. 그런데 에르메스는 어떻게 명품 중의 명품이라는 평가를 받는 걸까요?

우선 에르메스 백은 모든 제작 공정이 프랑스에서만 이루어지는 것으로 유명합니다. 프랑스는 2020년 기준으로 최저임금이 한국보다 대략 1.5배 높은 수준입니다. 에르메스의 가방을 만들기 위해 몇 년씩 기술을 쌓아야 하는 장인의 인건비는 최저임금 수준보다 훨씬 높습니다. 게다가 프랑스의 근로 시간은 한국보다 짧아서 보통 장인 한 사람이 한 달 동안 만들 수 있는 가방이 서너 개 정도밖에 안 된다고 합니다. 최고의 장인이 고급 재료를 사용해 오랫동안 수작업으로 만드는 것이죠. 제작 단가는 높고 생산되는 수량은 적고 사려고 하는 사람은 계속 늘고 있으니 가격이 그만큼 높게 형성될 수밖에 없습니다.

사실 많은 명품 브랜드가 중국, 베트남 등 상대적으로 인건비가 낮은 곳에서 1단계 생산 공정을 마칩니다. 그렇게 만든 것을 프랑스나 이탈리아로 가져와서 마지막 조립 과정을 거쳐 '메이드 인 이탈리아' '메이드 인 프랑스' 표식을 붙이는 방식으로 제품을 완성하죠. 이렇게 하면 제작 단가를 낮추면서 생산성을 높일 수 있습니다. 이 때문에 일각에서는 에르메스도 다른 브랜드들처럼 일부 생산 라인을 프랑스가 아닌 다른 곳으로 옮기면 좋겠다고 이야기합니다. 그러면 에르메스 제품을 구하기가 지금보다 쉬워질 테니까요.

하지만 에르메스는 꿈적도 하지 않습니다. 오히려 단호하게 입장을 밝혔죠. "에르메스는 중국에서 만들지 않습니다. 또 지금껏 그래왔듯이 앞으로도 거의 모든 작업 과정에 기계를 쓰지 않고 장인이 하나하나 수작업으로 만들겠습니다." "우리는 비용 절감 따위를 고민하지 않습니다." 그렇게 말하면서 계속 프랑스 생산을 고수합니다. 이유는 단순합니다. 그래야 특별함을 유지할 수 있고, 사람들이 고가임에도 불구하고 에르메스를 원하는 이유가 바로 그 특별함에 있기 때문입니다.

앞서 말씀드린 대로 에르메스 핸드백은 에르메스에 소속된 장인이 처음부터 끝까지 혼자서 만듭니다. 효율적인 분업으로 생산량을 높이기보다 완성도에 더 신경을 쓰는 거죠. 에르메스 소속 장인이 되는 것 역시 무척 어렵습니다. 에르메스는 자사만의 가죽 학교를 따로 두고 운영하고 있는데요. 이 학교를 3년 다닌 다음 2년간 별도의 수련 과정을 거쳐야 에르메스에서 일할 수 있습니다.

그렇다고 해서 바로 가방을 만들 수 있는 것도 아닙니다. 7~10년 가까이 경력을 쌓아야 겨우 에르메스의 가방을 만들 수 있는 자격이 주어진다고 합니다. 그렇게 성장한 장인이 세계 최고 품질의 소, 악어, 타조, 도마뱀 가죽을 고르죠. 가방을 만들 때도 재봉틀을 거의 사용하지 않아요. 말 그대로 한 땀 한 땀 손으로 박음질해서 만듭니다. 보통 '새들 스티칭saddle stitching' 기법을 이용하는데, 바늘 두 개를 사용해서 말 안장을 만들 때 주로 사용하던 방식입니다. 새들 스티칭 기법을 쓰면 일반적인 재봉틀을 쓸 때보다 바느질이 훨씬 튼

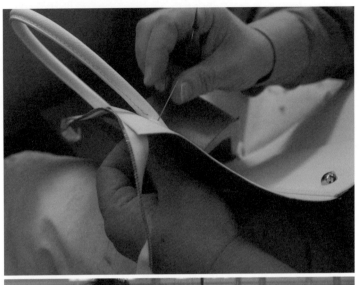

프랑스 팡탕에 위치한 에르메스 공방. 이곳에서 장인들이
모든 제작 공정을 수작업으로 핸드백을 만들고 있다.

튼하다고 합니다. 이렇게 손수 재단하고 박음질까지 하려면 가방 하나를 만드는 데 18~48시간가량이 소요됩니다. 왜 비싼지 납득이 될 만하죠?

그런데 또 여기에서 끝나는 게 아닙니다. 이렇게 만들어낸 가방을 검수하는 장인이 별도로 존재합니다. 마침내 검수자의 눈까지 통과하고 나면 제품에 해당 가방을 만든 장인의 고유 번호와 제작 연도가 찍히고 가방 하나가 완성됩니다. 만약 불량품이 나오면 따로 모아서 태워버린다고 합니다.

하지만 이러한 핸드백처럼 모든 에르메스 제품이 엄청 비싼 것은 아닙니다. 스카프, 슬리퍼, 모자 등 몇십만 원 대의 상품도 있습니다. 가죽 제품이라고 해도 다른 명품 브랜드 제품과 비슷한 가격대의 물건도 있고요. 남성용 제품도 종류가 다양한데, 그중에서도 에르메스 넥타이는 금융권 종사자, 사업가, 정치인, 법조인을 비롯해 소위 사회적으로 잘나간다는 남성들이 즐겨 찾는 제품이라고 하죠. 물론 그렇다고 해도 에르메스 제품 대부분은 쉽게 구입하기는 어려운 가격인 것은 사실이지만 말입니다.

1995년, 파리의 에르메스 매장.

Hermès Frères

Selliers

24 Faubourg St. Honoré – Paris

에르메스의 시작과
명품 핸드백의 탄생

에르메스의 창립자 티에리 에르메스Thierry Hermès는 1837년 파리에서 유럽의 귀족을 위한 마구, 안장 등을 만들어 파는 사업을 시작했습니다. 시작부터 귀족들을 상대로 고급 제품을 판매하는 브랜드였다는 이야기입니다. 그런데 에르메스가 생긴 지 얼마 되지 않았을 무렵에 프랑스 왕세자가 마차에서 떨어져 사망하는 사고가 발생합니다. 당시 왕세자의 안장이 좋지 않아서 말이 날뛰는 바람에 사고가 일어났다는 소문이 퍼졌고, 그 사건은 품질 좋은 에르메스의 마구가 불티나게 팔려나가는 계기가 됐습니다.

에르메스는 20세기에 접어들면서 소매점 판매를 시작하는데, 마구에서 범위를 넓혀 1918년에는 가죽으로 된 골프 재킷도 만듭니다. 하지만 이 시절에도 에르메스가 만든 물건은 귀족을 위한 맞춤형 제품이기도 했고요. 골프 재킷은 아예 영국 왕세자를 위해 특별히 제작한 것이었죠. 그러던 에르메스가 처음으로 급성장하게 된 계기가 있는데, 바로 '지퍼'였습니다. 창립자 3세인 에밀 에르메스는 미국과 캐나다를 방문했을 때 캐딜락 승용차의 덮개가 차체와 지퍼로 연결돼 있는 것을 발견합니다. 지금의 컨버터블 소프트탑처럼 금속이 아닌 섬유 재질의 덮개를 차체와 연결할 때 지퍼를 사용했던 것이죠.

당시 프랑스에서는 옷이나 가방을 잠글 때 주로 단추나 후크를 사용하고, 지퍼는 잘 쓰지 않았다고 해요. 이러한 상황에서 옷이

든 가방이든 편리하게 여닫을 수 있는 장치인 지퍼는 엄청난 발견이었고, 에밀 에르메스는 이 지퍼를 프랑스로 들여와 가방에 적용합니다. 당시 서구에서는 이동 수단으로 말과 마차 대신 자동차가 인기를 끌면서 여행용품 수요가 폭증하고 있었습니다. 마침 에르메스에서 지퍼가 부착된 여행용 가방이 출시되자 큰 인기를 끌 만했던 겁니다. 하지만 여전히 에르메스는 '과거에는 말을 탔고 지금은 자동차를 몰기 시작한' 부유층을 위한 브랜드라는 인식이 강했습니다. 경제력만 있으면 살 수 있는 브랜드라기보다는 극소수의 귀족·상류층만을 상대하는 브랜드라는 이미지가 강했던 겁니다.

에르메스가 전 세계에 알려지게 된 결정적인 계기를 마련해준 사람은 바로 그레이스 켈리Grace Kelly입니다. 빼어난 미모로 할리우드 배우 시절부터 사랑을 받았고, 훗날 모나코 공국의 공비가 되어 화려하게 살았지만 불운하게도 교통사고로 생을 마감한 인물이죠. 그녀가 결혼식 당시 입었던 웨딩드레스 스타일이 그때나 지금이나 인기 있을 만큼 그레이스 켈리는 시대를 뛰어넘는 패션 아이콘이었습니다. 그런 그녀가 1956년에 임신한 배를 에르메스 핸드백으로 가리고 차에서 내리는 장면이 매거진《라이프》지에 실린 적이 있는데요. 이 사진이 전 세계적으로 화제가 됐죠. 에르메스는 이 기회를 놓치지 않았습니다. 그레이스 켈리가 들었던 가방의 이름은 '쁘띠 삭 오뜨 아 크루아Petit Sac Haute À Courroie'인데요. 에르메스는 그 가방에 '켈리'라는 이름을 붙여도 되는지 모나코 공국의 허락을 구했고, 그 후 이 가방은 '켈리 백'이라는 새 이름을 얻었습니다. 전 세계적으로 주목받기 시

1956년 에르메스의 켈리 백을 들고 있는 그레이스 켈리. 할리우드 배우로 활동하다 모나코 공국의 공비가 된 켈리는 뛰어난 패션 감각으로도 유명했다.

작한 켈리 백은 당대의 패션 피플들, 부자들에게 널리 퍼졌죠.

캘리 백과 함께 에르메스의 또 하나의 시그니처 핸드백인 버킨 백이 만들어지게 된 에피소드도 잘 알려져 있습니다. 1984년에 에르메스의 CEO인 장 루이 뒤마Jean Louis Dumas Hermes는 우연히 비행기 안에서 영국의 가수 겸 배우이자 패셔니스타로 유명한 제인 버킨Jane Birkin을 만납니다. 제인 버킨은 실수로 가방을 떨어뜨렸는데, 그만 가방 안에 담긴 물건들이 우르르 쏟아졌습니다. 그 모습을 본 장 루이 뒤마가 스타의 가방이 그러면 되겠냐고 말했다고 하죠. 제인 버킨은 가방 안에 공간이 부족해서 실용적이지 않다고 답했고, 장 루이 뒤마는 곧바로 제인 버킨에게 제안했습니다. "그렇다면 내가 당신을 위한 가방을 만들어드리겠습니다"라고요. 그렇게 만든 가방에 제인 버킨의 이름을 붙인 겁니다. 공교롭게도 에르메스의 대표적인 핸드백에는 이렇게 당대의 여성 셀러브리티의 이름이 붙었고, 그들의 이름을 사용한 에르메스의 명성은 전 세계적으로 더욱 높아졌습니다.

모든 명품 그룹이
탐내는 브랜드

상류층만 대상으로 했던 에르메스 상품이 점차 일반 시장으로 퍼져나가면서, 2019년 기준으로 에르메스는 전 세계적으로 한 해 9조 원, 한국에서도 수천억 원에 가까운 매출을 올렸습니다. 예전에 에르메스 CEO가 '우리는 불황이 없다'라고 말한 적이 있는데, 실제로 코로나19 사태가 터진 2020년 1분기에 루이비통의 LVMH, 구찌의 케링 그룹이 전년 1분기 대비 17퍼센트 가까이 매출이 감소한 데 반해, 에르메스는 7퍼센트 하락에 그쳤습니다.

에르메스의 위상이 이렇다 보니 LVMH나 케링 같은 세계적인 명품 그룹은 호시탐탐 에르메스를 노려왔습니다. 물건의 만듦새는 물론이고 가격이나 사람들의 인식에 이르기까지 에르메스가 최고이기 때문입니다. 만약 그들이 에르메스를 인수하면 그룹의 브랜드 포트폴리오를 구성할 때, 루이비통 위에 에르메스, 구찌 위에 에르메스를 올려놓을 수 있겠죠. 명품 그룹 입장에서는 에르메스를 보유해 명품 포트폴리오의 정점을 장식하고 싶었을 겁니다. 실제로 2001년 LVMH 쪽에서 2년여에 걸쳐 비밀리에 에르메스 지분을 조금씩 매입한 적도 있습니다. 2010년에는 아예 에르메스의 지분을 14.2퍼센트 확보했다고 공개하고 17퍼센트까지 지분을 늘리겠다고 선언했었죠.

당시 에르메스는 전문 경영인 체제로 운영되고 있었는데요. 루이비통 측으로부터 경영권을 방어하기 위해 창업주의 6대손인 악셀 뒤마가 최고 경영자로 나서면서 가족 경영 체제로 복귀합니다. LVMH의 공격이 거셌지만 에르메스 가문은 똘똘 뭉쳐 힘을 합쳤을 뿐만 아니라 법정 공방까지 벌였습니다. 결국 양쪽은 약 4년에 걸친 소송전 끝에 프랑스 파리 상사商事법원의 중재로 합의를 봅니다. 이로써 에르메스는 LVMH의 공세를 이겨내고, 다른 명품 그룹 소속이 아니라 에르메스 브랜드 자체로 그룹을 이어갑니다.

에르메스 역시 이런저런 논란이 없지는 않은데요. 대표적으로 핸드백 '대기 명단'이 있죠? 실제로는 이렇게 기다리지 않아도 되는데 일부러 시간을 더 끌어서 고객의 애간장을 태운다, 구매 이력이 있는 VIP 고객은 바로 물건을 받을 수 있다, 라는 식의 비판이 일자 에르메스 측에서는 앞에서 소개한 제작 과정을 밝히면서 해명하기도 했습니다. 하지만 이러한 논란과 관계없이 앞으로는 에르메스 제품을 지금보다 더 구매하기 어려울지도 모르겠습니다. 중국을 비롯한 신흥 시장의 부자들이 과거보다 더 많이 에르메스를 찾기 시작해서 공급이 부족해졌기 때문입니다. 코로나19 사태가 여전히 심각하던 2020년 4월 11일, 중국의 통제로 문을 닫았던 중국 광저우의 에르메스 플래그십 매장이 다시 문을 열자 그 엄혹한 와중에도 하루에만 판매한 제품이 30억 원어치가 넘습니다.

에르메스 제품을 두고 동물 학대 논란이 벌어지기도 했습니다. 좋은 가죽을 얻으려고 동물을 너무 잔인하게 죽이는 게 아니냐는 비판이 일었던 겁니다. 여기에 제인 버킨이 동참하기도 했었죠. 또 재고를 태우는 방식 때문에 환경 문제를 일으키는 게 아니냐는 비판도 있고요. 사실 이렇게 재고를 처리하는 것은 다른 명품 브랜드에서도 하는 일이고, 가방의 경우에는 소각할 재고가 남는 경우도 드뭅니다. VIP 대상으로 재고를 할인해서 판매할 수도 있겠지만, 그렇게 할 경우 브랜드 가치가 떨어질 우려가 있기 때문에 선호하는 방법은 아닙니다. 한편으로는 재고를 태워 폐기함으로써 '손실'로 처리할 수 있고, 손실 처리에 해당하는 만큼 세금을 줄일 수 있어 소각이라는 방법을 택하는 측면도 있을 겁니다.

하지만 이런 비판에도 불구하고 에르메스의 위상은 여전합니다. 시대의 흐름에 발맞춰 변화하는 모습을 보여주기도 하고요. 코로나19 사태 이후 오프라인 쇼핑이 줄어들자, 지금까지 온라인 쇼핑의 흐름을 따르지 않을 것 같았던 에르메스도 온라인 판매를 시작했죠. 게다가 일반 택배가 아닌 은행의 현금 수송을 전문으로 하는 업체와 계약해 제품을 배송함으로써 에르메스는 여타 브랜드와는 다르다는 것을 보여주고 있습니다.

시대 변화에 따라 많은 명품 브랜드가 과거와 다른 행보를 보이고 있습니다. 생산 라인을 프랑스나 이탈리아 공방이 아닌 인건비가 싼 국가의 공장으로 옮기고, 동물의 가죽과 깃털 대신 인조가죽을 사용하는 등, 변화하려고 애쓰고 있죠. 하지만 6대째 가업을 이어온 에르메스는 과거와 다름없는 방법으로 명품으로 만듭니다. 티에리 에르메스가 살았던 시대부터 지금까지, 세상은 끝없이 바뀌었습니다. 하지만 에르메스의 핵심은 변하지 않는다는 고집스러움, 그것이 어쩌면 에르메스를 세계 최고의 명품 브랜드로 만들었는지도 모르겠습니다.

화려함과 우아함의
정점을 꿈꾸다

디올

05

2020년 초, 나이키와 이 브랜드가 함께 만든 운동화가 화제였습니다. 전 세계에 단 8천5백 켤레만 내놓기도 했고, 새 상품이 3백만 원인 데 반해, 리셀 시장에서 무려 2천만 원 넘는 가격으로 거래되기도 했기 때문이죠. 2021년 초에는 프랑스 축구 국가대표팀과 콜라보레이션한 유니폼을 만들기도 했고, 명품 캐리어 브랜드 리모와 RIMOWA와 함께 디자인한 '익스클루시브 캡슐 컬렉션'을 공개하기도 했습니다.

이 브랜드는 BTS와도 인연이 있습니다. 2019년에 이 브랜드는 BTS의 'LOVE YOURSELF: SPEAK YOURSELF' 월드투어를 기념해 무대 의상을 디자인했고, 2020년 골든디스크 시상식 때에도 BTS가 이 브랜드의 2021년 신상 슈트를 입고 무대에 올라서 또 한 번 화제가 되기도 했습니다.

전 세계 수많은 여성에게 아름다움을 선사했을 뿐만 아니라 남성들에게 '스키니진'을 입게 만든 브랜드, 별 문양과 숫자 8에 신비한 사연을 숨겨둔 브랜드, 오랜 세월 변함없이 우아함과 화려함을 뽐내온 '디올Dior'입니다.

디올을 거쳐 간
전설의 디자이너들

디올의 창업자인 크리스티앙 디오르Christian Dior는 열네 살 때 어떤 점술가로부터 "너의 앞길에는 돈이 잘 보이지 않는다"라는 말을 들었다고 합니다. 우리로 치면 신년 운세나 사주를 보러 갔다가 '팔자에 돈이 없다'라는 식의 이야기를 들은 셈이니 소년 디오르는 적잖이 충격을 받았겠죠? 하지만 그 점술가는 곧이어 이렇게 말합니다. "대신 수많은 여성이 너에게 행운을 가져다줄 거야. 그들이 너를 먹고살게 하고, 세계 곳곳을 돌아다니게 해줄 거란다." 이 예언은 대체 무슨 뜻이었을까요?

예언의 실현에 대해 말씀드리기 전에 먼저 디올이란 브랜드를 거쳐간 전설적인 디자이너들을 현재부터 과거 순으로 간략하게 살펴볼까 합니다. 지금부터 소개할 디자이너들은 브랜드 디올에 크게 공헌한 인물들입니다.

우선 지방시를 거쳐 디올에 영입된 천재 디자이너 존 갈리아노John Galliano를 들 수 있습니다. '패션계의 악동' '로맨틱의 영웅'이라는 수식어로도 유명한 그는 '올해의 영국 디자이너상'을 세 차례나 수상하기도 했죠. 언제부터인지 명품 브랜드마다 자사 로고를 크게 드러내는 게 유행이 됐는데요. 과거에는 그런 경향이 두드러지지 않았습니다. 각 브랜드가 로고보다는 고유의 디자인으로 정체성을 드러내는 편이었죠. 이런 흐름을 바꿔놓은 사람이 바로 존 갈리아노입

1996년 디올의 수석 디자이너가 된 존 갈리아노는 현대 파리 오트쿠튀르 하우스의 수장이 된 최초의 영국인 디자이너였다. 관능적이면서도 대담한 디자인으로 디올을 부활시킨 패션계의 혁명가로 평가받았지만, 인종차별 발언으로 절정의 커리어를 스스로 훼손했다.

니다. 참고로 영화 〈악마는 프라다를 입는다〉에서 메릴 스트리프가 최고의 패션 매거진 《런웨이》의 편집장 미란다 역을 맡아 연기했죠. 이 미란다의 실제 모델인, 미국판 《보그》편집장 애나 윈투어가 존 갈리아노의 열성적 지지자로 유명합니다.

1996년에 디올에 영입된 갈리아노는 실크를 데님처럼 가공해 사용해서 이목을 끌었고, 디올의 이름을 반복해서 넣는 디자인으로 주목을 받습니다. 여성의 우아한 면을 강조하면서 브랜드 정체성을 확립한 디올이었지만 당시만 해도 '이제는 좀 지루하기도 하다'라는 부정적인 이야기를 듣기도 했는데요. 갈리아노가 관능적이면서도 대담한 디자인을 선보이면서 디올이 젊고 섹시해졌다는 평가를 받았습니다. 실제로 갈리아노가 디올에 들어온 뒤 디올의 매출은 4배나 뛰어올랐습니다.

또한 갈리아노는 런웨이에 오를 때 마치 자신이 모델인 것처럼 개성 강한 옷차림을 하고 등장하는 것으로도 유명했습니다. 영국 유명 예술대학인 센트럴 세인트 마틴스를 수석 졸업했고 실제 상업 패션계에서도 탁월한 성과를 내놨을 뿐만 아니라 쇼맨십까지 갖춘 갈리아노는 패션업계는 물론 언론의 주목을 한 몸에 받는, 그야말로 최고의 스타 디자이너였습니다.

하지만 디올과 갈리아노의 이별은 아름답지 않았는데요. 그가 2011년 파리의 한 카페에서 술에 취해 유대인을 증오한다는 발언을 하면서 물의를 일으켰기 때문입니다. 갈리아노는 유대인 모욕 혐의로 기소돼 유죄 판결을 받았고 사회적으로도 크게 지탄받았습니다.

당시 디올의 뮤즈나 다름없던 배우 나탈리 포트먼이 앞으로 갈리아노와 얽히는 일은 두 번 다시 하지 않겠다고 했을 정도였으니 제아무리 갈리아노라도 버틸 재간이 없었을 겁니다. 그렇게 디올에서 해임된 갈리아노는 사실상 패션업계에서 추방당했다고 해도 과언이 아닙니다.

존 갈리아노 이전에는 이탈리아의 거장 지안프랑코 페레Gian Franco Ferre가 있었습니다. 아르마니, 베르사체와 함께 이탈리아 3대 패션 거장으로도 꼽히는 페레는 밀라노 공과대학에서 건축학을 전공한 인물인데요. 페레는 "치마 한 폭을 디자인하는 것은 집 한 채를 짓는 것과 같다"라고 말하기도 했죠. 건축학을 전공한 사람답게 의상 크로키를 할 때도 마치 건축 설계도를 그리듯이 정교하고 치밀했고, 치마 한 폭도 건물을 짓듯이 옷의 구조를 분석해 체계적으로 만드는 것으로 유명했습니다. 참고로 페레는 대한항공 유니폼을 디자인하기도 했죠.

페레가 수석 디자이너를 맡기 전에는 크리스티앙 디오르, 가브리엘 샤넬과 함께 프랑스의 전설적인 디자이너로 꼽히는 이브 생 로랑Yves Saint Laurent이 있었습니다. 이브 생 로랑은 크리스티앙 디오르의 어시스턴트였다가 디오르가 갑자기 세상을 떠난 뒤, 1957년에 디올 브랜드의 수석 디자이너가 됐는데요. 그 당시 이브 생 로랑의 나이는 스물한 살에 불과했습니다. 그는 디올에서 어깨는 좁고 허리라인은 높고 치마는 사다리꼴로 퍼지는 '트라페즈 라인trapéze line'을 선보였죠. 이브 생 로랑이 뜻하지 않게 군에 입대하면서 3년도 못 채우고

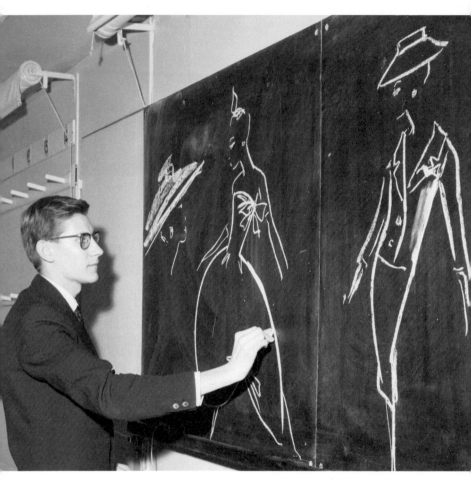

1960년경 파리의 디올 하우스에서 새로운 디자인 작업 중인 이브 생 로랑.

디올을 떠났는데요, 그의 성취 덕에 디오르 사후에도 디올 브랜드는 명성을 유지할 수 있었습니다.

또한 셀린느의 수석 디자이너이기도 했던 에디 슬리먼Hedi Slimane도 빼놓을 수 없는데요. 그는 2000년대 중반 디올에서 스키니 진 디자인을 선보여 남성복 슬림핏 열풍을 불러일으켰다고 평가받는 인물입니다. 패션왕이라 불렸던 칼 라거펠트가 에디 슬리먼이 디자인한 의상을 입으려고 극한의 다이어트를 했던 것은 유명한 일화입니다.

이와 같이 디올을 거쳐간 디자이너들의 면면이 화려하고 대단하다는 것을 알 수 있습니다. 하지만 그들을 압도하는 최고의 디자이너가 있었으니 그가 바로 브랜드 디올의 시작, 크리스티앙 디오르입니다. 디오르가 자신의 이름을 내건 브랜드에서 활동한 기간은 10년에 불과했지만, 그 시간은 지금의 디올 브랜드의 기반이 될 만큼 강력했습니다.

운명의 별을 움켜쥔
크리스티앙 디오르

크리스티앙 디오르는 1905년에 영국의 바다 건너편에 있는 프랑스 노르망디 지방의 부잣집에서 태어났습니다. 가족들은 항상 맞춤복을 잘 차려입었는데, 이러한 모습은 어린 디오르에게 깊은 인상을 남겼죠. 하지만 예술가가 되고 싶었던 본인의 바람과는 달리 그의 부모는 아들이 관료가 되길 바랐습니다. 결국 디오르는 부모님 뜻에 따르기로 했지만 계속 마음을 잡지 못했다고 합니다. 그 옛날 서양에서도 부모의 뜻과 본인의 꿈이 달랐던 인물은 많았습니다. 프라다의 미우치아 프라다도 부모 때문에 정치학을 전공했고, 음악가 차이콥스키도 집안의 반대 때문에 법학을 전공했을 정도이니까요. 하지만 자식을 이기는 부모는 많지 않고, 시간이 걸리더라도 뜻이 있는 곳에 길은 생기기 마련이죠. 실제로 디오르에게도 그가 원하던 길이 열렸습니다.

학교 공부를 마치고도 방황하는 디오르를 보며 결국 그의 부모는 아들이 원하는 길을 지지하기로 합니다. 디오르가 갤러리 '자크 봉장Jacques Bonjean'을 열 수 있도록 도와주죠. 하지만 이 갤러리는 오래가지 못했습니다. 1929년 '검은 목요일(뉴욕 증권시장에서 일어난 주가 대폭락 사건)'의 직격탄을 맞아 갤러리는 파산했고, 부유하던 집안도 기울어갔습니다. 디오르의 나이 스물여섯 살 때의 일입니다. 당시 프랑스 남성의 기대수명이 60세가 채 되지 않았다고 하니 스물여섯은 인생의 중반쯤 되는 시기였을 겁니다.

한창 활발하게 일할 시기에 집이 망하고 갤러리도 문을 닫게 된 셈이죠. 부잣집에서 태어났지만 졸지에 먹고살 길을 고민해야 했던 디오르는 호구지책으로 패션 드로잉과 채색을 배웠고, 니나리치, 뤼시앵 를롱, 클로드 생 시어, 그리고 《르 피가로》지 등에서 스케치 일을 하며 생활비를 벌었습니다. 그러다 로베르 피게라는 디자이너

1950년경, 모델의 드레스 피팅과 함께 의상을 수정해보는
크리스티앙 디오르의 모습.

눈에 들어 수습 디자이너가 됐고, 그 이후에는 뤼시앵 를롱의 부티크로 자리를 옮겨서 디자인을 계속해나갑니다. 참고로 이때 같이 일했던 수습 디자이너가 지방시와 발맹이었습니다.

디자이너로 조금씩 명성을 쌓아가던 무렵, 어릴 적 고향 친구의 소개로 한 사업가를 만나는데요. 그는 섬유 사업으로 돈을 번 프랑스 최고의 부자 마르셀 부삭Marcel Boussac이었습니다. 부삭은 디오르의 능력을 한눈에 알아보고 한 브랜드의 디자인 책임자 자리를 맡아달라고 제안했는데, 디오르는 망설였다고 해요. 좋은 기회였을 텐데 왜 그랬을까요? 당시 디올은 40대를 막 지나고 있었습니다. 그 시절의 기대수명을 고려하면 디오르는 사회생활의 종반부를 향해 달려가는 셈이었죠. 지금까지 겨우 쌓아 올린 명성을 버리고 새로운 일에 도전하기란 어려운 일이었겠죠. 그렇다고 이렇게 좋은 기회를 단칼에 거절하기도 마냥 쉽지만은 않았을 거예요.

디오르가 계속 마음을 정하지 못하고 고민을 이어가던 어느 날, 그는 자신에게 부삭을 소개해준 친구를 우연히 길에서 세 번 만납니다. 디오르는 그 친구를 세 번째 만났을 때 별 모양으로 생긴 장식물에 발이 걸려 넘어질 뻔했고, 일어나서 고개를 들어보니 눈앞에 영국대사관이 있었다고 해요. 이때 디오르는 '이것은 계시로구나, 이것은 운명이로구나' 하고 생각했다고 합니다. 별이란 항로 중에 방향을 가리키기도 하죠. 그런 별을 발견한 것을 자신이 갈 길에 대한 계시로 생각했고, 우연히 마주친 영국대사관을 보며 영국의 바다 건너에 있는 자신의 고향을 떠올렸던 것이죠. 그리고 세 번이나 길에서 만난 '고향' 친구와 그 친구가 소개해준 사람이 대부호 부삭이었으니, 곧 '부삭이야말로 내 운명이구나'라고 생각했다는 겁니다.

다만 디오르는 부삭의 제안을 받아들이는 대신 그에게 다른 제안을 합니다. 기존 브랜드의 디자인 책임자가 아니라 자신의 이름을 건 브랜드를 만들고 싶다고 한 것이죠. 결국 디오르는 부삭의 투자를 받아 1942년 12월 6일에 '메종 크리스티앙 디오르La Maison Christian Dior'를 열었습니다.

그리고 1947년에 드디어 디오르의 첫 컬렉션이 열렸는데요. 이 컬렉션은 당시 패션계에 큰 충격을 안겼습니다. 그 당시는 전쟁의 영향으로 각진 어깨, 짧고 좁은 치마 등 경직된 스타일이 주를 이뤘는데, 디오르가 선보인 것은 여성미를 한껏 강조한 스타일이었기 때문입니다. 상의는 둥근 어깨 라인이 살아 있고 허리 부분이 잘록하게 들어가 있으며, 스커트는 종아리까지 내려오는 길이에 전체적으로 실루엣이 풍성했어요. 이런 디오르의 디자인은 전쟁으로 지친 사람들에게 전쟁 이전의 풍요로웠던 기억을 되살려줬죠. 이 컬렉션은 극찬받았고, 미국의 패션 매거진 《하퍼스 바자》의 편집장 카멜 스노는 디오르의 컬렉션을 두고 "정말 새로운 룩look이다."라고 평가했죠. 여기에 기인해 디오르의 컬렉션에 '뉴 룩New Look'이라는 이름이 붙습니다. 이 컬렉션으로 디오르는 크게 성공했고, 그 이후 브랜드 디올은 새로운 디자인을 선보이며 1950년대 파리의 최대 오트쿠튀르가 됩니다.

브랜드 디올의 인기는 바다 건너 영국에까지 퍼지는데요. 당시

1951년 6월, 베니스 그리티 팰리스 호텔 앞에서
크리스티앙 디오르의 의상을 입고 사진 촬영 중인 모델들.

영국은 전쟁의 폐허에서 다시 일어나야 했기 때문에 물자를 아껴 쓰고 옷도 검소하게 입자는 분위기가 팽배했습니다. 하지만 디올의 뉴룩을 막을 수 없었죠. 왕실에서부터 디올 스타일에 열광했으니까요. 특히 엘리자베스 여왕의 동생인 마거릿 공주가 디올 스타일을 사랑했던 것으로 유명한데, 이런 왕실의 사랑은 디올이 더더욱 명성을 얻는 계기가 됐습니다. 또한 디올의 성공 이후 맞춤형 고급 의류를 만드는 다른 디자이너들도 함께 빛을 봅니다.

디오르는 그 이후에도 1948년에 선보인 '지그재그 라인'에서부터 곧게 뻗은 실루엣으로 통이 좁은 '버티칼 라인', 둥근 어깨와 가늘게 조인 허리로 가슴부터 아래쪽으로 슬림한 '튤립 라인'을 비롯해 'H라인(상·하의가 모두 슬림하게 붙어 있는 모양'), 'A라인(H라인에서 아래쪽을 넓힌 모양)', 'Y라인(A라인을 뒤집은 모양)' 등 매년 새로운 스타일을 선보였습니다. 그중에서도 1952년에 발표한 H라인은 크게 주목받았고, 1957년에 디오르가 선보인 마지막 '스핀들 라인(복장의 가운데 부분이 술통처럼 볼록한 모양)'은 세계 곳곳에서 절찬받았습니다.

또한 디올의 옷은 그 당시 수많은 영화에 등장했는데요. 히치콕 감독의 〈무대 공포증〉, 마크 롭슨 감독의 〈오두막집〉에 등장하는 배우의 의상이 디올에서 제작됐습니다. 그 외에도 제인 러셀, 그레이스 켈리, 발레리나 폰테인 같은 유명 배우들이 디올의 의상을 입었고요. 대중문화에 폭넓게 노출됨으로써 디올의 인기는 더 치솟았습니다. 현재는 수많은 국내외 유명 인사들이 디올의 옷과 액세서리를 즐겨 착용하고 있고, 그 자체가 브랜드의 명성과 마케팅에 크게 도움되고 있죠.

1953년 프랑스 리옹에서
선보인 크리스티앙
디오르의 새로운 컬렉션.

행복을 열망한
디오르의 믿음

디올 하우스의 시작에는 또 하나의 이야기가 숨어 있는데요. 바로 한 카드 점술가의 조언이 영향을 미쳤다는 겁니다. 아마 디오르는 미신에 많이 의지했던 성향인 것 같습니다. 디오르는 점술가들을 종종 찾곤 했는데, 그중에서도 '마담 들라예'라는 카드 점술가에게 자주 조언을 구했다고 합니다. 실제로 부삭을 만났을 당시, 다른 사람에게도 오트쿠튀르 하우스를 만들자는 제안을 받았습니다. 디오르는 그때 마담 들라예를 찾아가 의견을 구했고, 그녀는 무조건 "크리스티앙 디오르 하우스를 설립해야 해요"라는 말로 그를 격려했다고 하죠.

우연과 상징을 믿었던 디오르는 자신의 디자인에 행운의 상징을 집어넣기로 합니다. 앞서 자신의 운명을 바꿔놓은 결정적인 상징 '별'이 디올 제품에 자주 등장하는 것도 그 때문입니다. 또 하나의 상징은 숫자 '8'인데요. 8이라는 숫자는 인간의 몸과 비슷하게 생겼다는 이유로 디오르가 어렸을 때부터 좋아했죠. 실제로 '깔끔한 곡선의 가슴이 강조되고 허리가 잘록하고 힙이 두드러진' 디올의 실루엣 라인에도 8의 의미는 잘 나타나 있습니다. 디오르의 숫자 8에 여러 방식으로 의미를 부여합니다. 훗날 성공한 뒤에 디자인 하우스를 옮기게 됐을 때도 새 건물은 파리 8구에 있었고 건물도 8층이었으며 아틀리에도 고쳐서 여덟 개로 만들었다고 하죠.

엄청난 찬사를 받았던 첫 컬렉션에서도 미신에 대한 그의 믿

디올의 상징 별 모양으로 디스플레이된 디올 매장.
크리스티앙 디오르가 좋아했던 별 모양은 디올 제품에서 자주 발견할 수 있다.

음이 고스란히 숨어 있습니다. 당시 모든 오트쿠튀르 드레스 단에는 말린 은방울 꽃잎을 끼워 넣었고, 자신의 재킷 주머니에도 은방울꽃을 담은 작은 성물함을 담았다고 하죠. 은방울꽃의 꽃말은 "틀림없이 행복해진다"라고 합니다. 유럽에서는 5월에 은방울꽃으로 만든 꽃다발을 받으면 행운이 찾아온다고 믿죠. 실제로 노동절인 5월 1일에 은방울꽃을 선물하는 문화가 있고, 은방울꽃은 결혼식에서 신부의 부케로도 많이 쓰입니다.

디오르는 이뿐만 아니라 항상 네 잎 클로버, 하트 두 개, 나무 한 조각, 금 한 조각을 가까이에 두었고, 패션쇼에서 모델 한 명에게 반드시 백합을 들렸다고 합니다. 디오르의 사후에도 이런 상징들은 여전히 계속 쓰이는데요. 일본 긴자의 디올 빌딩 꼭대기에는 별이 달려 있고, 제품 중 'Dior VIII'이라는 이름을 붙인 시계도 있습니다. 2013년 가을·겨울 컬렉션에서는 손과 귀를 부적으로 장식한 주얼리 라인이 소개되었습니다. 이렇게 디올의 제품에는 '영원히 행운을 간직하겠다'라는 강력한 열망이 담긴 징표가 새겨져 있죠.

저는 이 이야기를 알게 됐을 때 미신에 대한 디오르의 집착을 단순히 맹신으로만 볼 수는 없겠다고 생각했습니다. 그가 마음속에 품었던 아주 강렬한 열망이 그렇게 표현됐던 것으로 짐작했기 때문입니다. 인간은 깊이 바라는 바가 생길 때, 그러나 불안을 떨칠 수 없을 때 작은 것에 의미를 부여하는 경향이 있으니까요. 디오르가 자신에게 벌어진 모든 우연을 일종의 계시라고 생각했던 것도 그런 맥락에서 비롯된 것이 아니었을까요?

부유한 집안에서 태어나고 자랐지만 부모의 바람과 자신의 꿈이 달랐던 소년. 그래도 자신의 꿈을 포기하지 않고, 원하는 대로 갤러리를 열었으나 시대의 파고를 피하지 못해서 생계 전선으로 몰렸던 청년. 그러나 궁지에 몰렸을 때도 자신이 좋아하는 예술과 관련된 일로 먹고사는 일을 해결하고 끝내 성공한 사람. 그의 인생을 살펴보면, 꿈을 향한 인간의 열망이 얼마나 힘이 센지 다시금 느낍니다. 만약 그가 별 모양 장식물에 발이 걸려 넘어지지 않았더라면, 눈앞에 영국대사관이 없었더라면, 지금의 브랜드 디올은 없었을까요? 그랬다면 디오르는 부삭을 찾아가지 않았을까요? 저는 디오르가 별 장식물에 걸려 넘어질 뻔하지 않았어도, 그 자리에 영국대사관이 있지 않았어도 분명히 부삭을 만났을 거라고 생각합니다. 우연을 필연으로 만들었던 디오르의 열망은 어떤 식으로든 발현될 수밖에 없었을 테니까요.

첫 부분에 말씀드렸던 점술가가 디오르에게 했던 예언은 결국 이루어진 셈입니다. 디오르가 만든 스타일의 옷을 영국 왕실이 사랑했고, 수많은 여성이 그에게 행운을 가져다주었으며, 그로 인해 그는 전 세계 곳곳을 돌아다녔으니까요. 그리고 지금은 70년 넘는 디올 브랜드의 역사상 첫 여성 디자인 책임자인 마리아 그라치아 치우리Maria Grazia Chiuri가 디올의 명성을 굳건히 지키고 있죠. 게다가 패션 산업에 진입하기 전까지는 그저 부유한 건설업자 정도였던 베르나르 아르노가 디올 인수를 발판 삼아 전 세계에서 가장 많은 여성의 사랑을 받는 명품 왕국 LVMH를 세웠으니 점술가의 예언은 틀리지 않

디올의 첫 번째 여성 디자인 책임자인 마리아 그라치아 치우리는
디올에 영입되기 전까지 발렌티노에서 17년 동안 피에르 파올로 피치올리와
공동 크리에이티브 디렉터로 활동했다. 사진은 고대 그리스 아테네 여성의
의상을 재해석했다는 디올의 2020년 봄·여름 컬렉션.

았습니다.

　　이런 생각을 해봅니다. 디오르는 끝내 행복해지기를 열망했고 믿었으며, 행복과 행운의 상징을 자신의 브랜드에 고스란히 새겨 넣었어요. 그리고 실제로 그 믿음을 실현했고요. 그러니 우리가 디올의 제품을 소비하고 소유한다는 건 단지 디올이 명품이고 아름답기 때문만은 아니지 않을까요? 디올의 제품에 담긴, 꼭 행복해지겠다는, 행운이 내게 찾아올 거라는 그 믿음과 바람을 소유하고자 하는 게 아닐까요? 그리고 그 열망은 모든 사람의 바람이기도 할 테니 디올의 꿈은 영원히 계속될 겁니다. 어쩌면 디오르는 처음부터 거기까지 내다보고 자신의 디자인에 행복과 행운을 기원하는 상징을 담았는지도 모르겠습니다.

가방으로 시작해
명품 시장을 압도하다

루이비통

06

모든 패션 기업을 통틀어 브랜드 가치가 제일 높은 곳이 어디일까요? 에르메스? 구찌? 아닙니다. 이번에 소개할 브랜드와 나이키가 엎치락뒤치락하는 편입니다. 이 브랜드는 2018년 한 해에만 무려 18조 원에 가까운 매출을 올린 것으로 추정됩니다.

한국에서는 다른 이유로 이 브랜드가 이슈가 된 적이 있습니다. 삼성 이건희 회장의 장녀 이부진 호텔신라 사장과 롯데 신격호 회장의 장녀 신영자 전 이사장, 두 사람이 각자 이 브랜드 매장을 자사 면세점에 유치하기 위해 불꽃 튀는 대결을 벌였기 때문입니다. 결과적으로는 이부진 사장이 특별히 공을 들인 끝에 매장은 신라면세점에 입점하는데요. 개장 첫 해 인천공항 면세점의 한 매장에서만 매출이 무려 1천억 원을 넘어섰다고 하니, 두 그룹의 첨예한 싸움이 이해될 만합니다.

동서고금을 막론하고 이 브랜드의 제품을 애용하는 사람이 굉장히 많습니다. 특히 '스피디 백'으로 불리는 제품은 남녀노소, 국내외 가리지 않고 불티나게 팔려 '3초 백'이란 별명이 붙기도 했습니다. 거리에서 3초마다 한 번씩 보인다는 의미라고 합니다. 한때는 중장년층이 좋아하는 브랜드라는 인식이 컸지만 이제는 젊은 층도 열광하는 브랜드, 피 튀기는 암투 끝에 브랜드의 주인이 바뀌면서 현재 세계 규모의 LVMH를 떠받치는 명품 브랜드, 160년이 넘는 역사를 가진 루이비통Louis Vuitton입니다.

루이비통,
여행용 트렁크로 시작하다

한때 BTS, 지디, 엑소, 현아 등 내로라하는 국내 연예인들이 신고 다니던 신발이 있습니다. 파블로 피카소의 그림처럼 신발의 구조를 분해해서 재구성한 디자인이었는데요. 출시 당시 판매 가격보다 중고 가격이 더 높았고, 유명한 패셔니스타들조차 구하지 못해 안달이었던 신발이었죠. 바로 오프화이트의 버질 아블로Virgil Abloh라는 디자이너가 나이키와 콜라보레이션한 제품이었는데요. 2018년에 루이비통은 남성복 아티스틱 디렉터로 이 화제의 디자이너, 버질 아블로를 영입합니다.

그때 세간에는 '역시 루이비통, 파격적이다', '1등은 뭔가 다르다'라는 평가가 많았습니다. 버질 아블로가 워낙 '핫한' 인물이었고 그가 디자인한 제품들이 굉장한 인기를 끌었기 때문이기도 합니다. 하지만 흑인 디자이너가 드문 보수적인 명품업계에서 1위를 차지하는 루이비통의 파격적인 움직임도 그렇고, 스트리트 패션에서 주목받는 인재를 명품 회사가 등용했던 결정도 이런 평가에 한몫했을 겁니다.

그런데 루이비통이 이렇게 과감한 행보를 보인 데에는 분명한 이유가 있습니다. 이러한 파격적 면모를 보인 것도 이번이 처음도 아니었고요. 1854년에 탄생해 거의 100년 넘게 잠들어 있다시피 했던 거인, 루이비통이 지금의 업계 1위로 우뚝 설 수 있었던 것은 이 같은 파격에서 나왔다고 해도 과언이 아닙니다. 그래서 이번 루이비통

편은 패션에만 국한하지 않고 이야기를 풀어보겠습니다.

1836년경, 열여섯 살이던 루이비통의 창업자 루이 비통Louis Vuitton이 파리에 도착합니다. 스위스와의 접경 지역인 프랑스 앙셰에 있는 집을 떠나 파리에 일자리를 구하러 온 겁니다. 앙셰에서 파리까지는 직선거리 482킬로미터, 자동차로 이동해도 5시간 가까이 걸리는 거리인데요. 소년 루이 비통은 이 먼 길을 걸어서 이동했다고 합니다. 도중에 돈이 필요하면 일을 찾아서 하고 돈이 모이면 다시 걷고, 또 일하고 걷기를 반복했다고 해요. 기록마다 조금씩 차이가 있기는 하지만 그가 파리에 도착하기까지 최소 1년 넘게 걸린 것 같습니다.

파리에 도착한 루이 비통은 마레샬이라는 여행용 트렁크 제작자의 수습생으로 들어갑니다. 당시 사람들은 주로 마차나 기차, 배로 여행할 때였는데요. 루이 비통은 이런 여행객들의 트렁크를 만들고 짐을 싸주는 등의 업무를 맡았습니다. 솜씨가 얼마나 야무졌는지 나중에는 프랑스 황제 나폴레옹 3세의 아내였던 외제니 황후의 트렁크를 만들고 짐을 싸주는 일까지 하게 되죠. 그렇게 마레샬 밑에서 일한 지 17년째 되던 1854년, 루이 비통은 독립해서 자기 이름을 걸고 매장을 엽니다. 이때가 바로 브랜드 '루이비통'의 시작입니다.

지금 여행용 트렁크를 떠올려보면 대부분 직사각형 형태인데요. 1880년대에는 트렁크 윗부분을 둥글게 만드는 경우가 많았다고 합니다. 미국의 한 골동품 경매업체가 설명한 바에 따르면, 당시 이런 여행용 트렁크는 위로 차곡차곡 쌓는 것이 일반적이었습니다. 이

때문에 가장 아래에 놓인 트렁크는 가방 외부가 부서지는 것은 물론, 안에 있는 짐이 엉망이 될 가능성도 높았죠. 게다가 당시의 트렁크는 가죽으로 장식한 나무 소재여서 지금보다 상당히 무거웠으니 파손의 위험도 훨씬 컸습니다. 그래서 사람들은 자기 가방이 맨 밑에 놓이는 것을 피하고 되도록 위쪽에 놓이게 하려고 윗부분을 둥글게 만들었다는 겁니다. 또 다른 자료에서는 비가 올 때 트렁크 윗부분에 빗물이 고이지 않고 밑으로 흘러내리게 하려고 둥근 형태로 만들었다는 설명도 있습니다.

어쨌든 마차나 기차에 짐을 적재할 수 있는 공간은 한정되어 있는데, 윗부분이 둥근 트렁크가 많으면 가지런히 쌓기가 힘들겠죠. 바로 그러한 상황에서 루이 비통이 1858년에 방수 처리한 가벼운 캔버스를 사용해 직육면체 모양의 트렁크를 만듭니다. 루이 비통의 트렁크는 가벼울 뿐만 아니라 한곳에 쌓아두기에도 편리했어요. 게다가 프랑스 황후의 가방을 만들어준 사람이라는 그의 유명세까지 더해지면서 그가 만든 트렁크는 부유층에게 인기를 끌었습니다.

그런데 이렇게 일이 술술 풀리는 와중에 루이 비통에게 큰 골칫거리가 하나 있었습니다. 바로 카피 제품이 들끓었다는 겁니다. 현재 유통되는, 소위 짝퉁 명품 가방의 절반 이상이 루이비통의 카피 제품이라는 조사 결과가 있었는데요. 재미있는 사실은 1800년대에도 짝퉁이 가장 많았던 제품은 루이비통 트렁크였다는 점입니다. 자세히 뜯어보면 만듦새는 달랐겠지만 외형이나 소재를 비슷하게 만드는 것이 그렇게 어렵지는 않았을 테니까요.

10대에 처음 파리에 온 루이 비통은 1854년 자기 이름으로
브랜드를 만들어 '루이비통' 매장을 열었다.

프랑스 문화 잡지 《르 테아트르》 1898년 7월호에 실린 루이비통 지면 광고(위).
각진 스타일의 트렁크 디자인은 지금도 이어지고 있다(아래).

이 무렵 루이 비통의 아들 조르주 비통Georges Vuitton이 가업을 잇는데, 그는 모조품을 막기 위해서 트렁크에 무늬를 집어넣었습니다. 1872년에 처음으로 줄무늬가 들어간 가방을 선보였고, 1888년부터 우리에게 익숙한 디자인, '다미에 캔버스Damier canvas'가 조금씩 만들어집니다. 그리고 1896년에 드디어 루이의 'L'과 비통의 'V'를 겹친 지금의 모노그램이 탄생했고, 1889년에는 도난 방지용 잠금장치를 개발했죠. 이즈음부터 탐험가들의 주문까지 이어지자 조르주 비통은 내구성을 검사하기 위해 직접 자사 트렁크를 들고 사막을 건너기도 했습니다.

이후 샤넬의 창업자 가브리엘 샤넬이 루이비통에 직접 주문해서 들고 다닌 '알마 백', 미국의 유명 배우 오드리 헵번이 좋아했던, 자기 몸에 맞는 작은 크기의 '스피디 백' 등이 대중에 선을 보입니다. 그런데 오드리 헵번은 몰라도 코코 샤넬이 루이비통에 가방을 주문 제작했다는 건 특이해 보이는데요. 요즘으로 치면 마치 애플의 스티브 잡스가 삼성전자에서 특별히 제작한 스마트폰을 가지고 다니는 이야기 같다고나 할까요?

이런 과정을 통해 루이비통은 여행용 트렁크뿐 아니라 핸드백으로도 명성을 얻습니다. 또 이 시기에 자동차가 대중화되면서 에르메스 같은 다른 명품업체들처럼 여행용 손가방도 선보였는데 그것도 매출 상승에 크게 공헌하죠. 점차 루이비통은 명실상부 세계 최대의 여행용 가방 업체로 성장합니다. 영국 런던, 미국 뉴욕, 인도 뭄바이, 아르헨티나의 부에노스아이레스에도 매장이 생겼죠.

브랜드 루이비통은 1936년에 조르주 비통이 사망한 후, 그의 아들인 가스통 루이 비통이 사업을 이어받으며 3세 경영에 들어섭니다. 그리고 이 시기에 '파비용 백'을 비롯해서 제품군이 더 다양해지죠.

한편 일본은 전쟁의 폐허에서 재기하여 경제가 급격하게 성장하면서 중산층이 크게 늘어납니다. 그 여파로 일본에서 루이비통의 인기는 실로 엄청났습니다. 해외여행을 다녀온 일본인들이 루이비통 백을 사서 들어오면서 일본에서는 루이비통 핸드백이 경제적인 성공을 보여주는 징표라는 말이 공공연하게 나돌았다고 합니다.

하지만 이러한 인기와 판매량을 감당하기에 루이비통은 매장 수도 적었고, 상대적으로 다른 업체들에 비해 회사도 크게 확장하지 못했습니다. 그래서 1960~1970년대 초반에는 파리에서 루이비통 제품을 사려면 2시간 이상씩 줄을 서야 하는 일이 다반사였다고 하죠.

가족 경영에서
전문 경영자 체제로

이 시절 창업자에서 아들, 손자로 이어지던 가족 경영에 약간의 변화가 생깁니다. 1977년, 창업자 루이 비통의 증손녀 사위, 앙리 라카미에가 그룹의 방향키를 잡은 것이죠. 라카미에는 철강 유통 쪽에서 수완을 발휘하던 사람이었는데요, 아주 공격적인 사업가였을 뿐만 아니라 루이비통이란 이름의 잠재력을 누구보다 잘 이해하고 있었습니다. 그의 시대에 세계 최대인 북미 시장에도 공을 들였고 1978년에는 일본에도 첫 매장을 엽니다. 1984년에는 한국에도 진출하는 등 아시아 시장을 적극적으로 공략했죠. 음악회와 전시회, 요트 경기처럼 부유층이 즐기는 문화 이벤트에 후원을 강화하는 등 적극적으로 마케팅을 펼치면서 라카미에 시대의 루이비통은 회사 매출과 규모가 비약적으로 늘어납니다.

이렇게 아들, 손자, 그리고 증손녀의 사위로까지 경영의 축이 옮겨가는 변화를 겪었고 회사도 성장했지만, 이때까지만 해도 루이비통은 여전히 종합 명품업체라고 불릴 정도는 아니었습니다. 단지 여행용 가방과 핸드백을 만드는 전통적인 명품 가방 업체에 가까웠죠. 도입부에서 '루이비통이란 거인이 100년 넘게 잠들어 있다시피 했다'라고 이야기한 것도 이런 이유에서였습니다. 그렇다면 루이비통이 지금과 같은 위상을 갖게 된 진정한 혁신의 시작은 언제부터였을까요? 그것은 패밀리 비즈니스였던 루이비통의 운영 주체가 바뀌면서부터라고 할 수 있습니다.

1984년에 루이비통은 가족 경영의 한계에 부딪히면서 1987년에 샴페인과 코냑 제조업체인 모에헤네시Moët Hennessy와 합병해 LVMH 그룹을 설립하는데요. LVMH 그룹은 현재 루이비통을 비롯한 디올, 지방시, 셀린느 등을 보유한 세계 최대의 명품 그룹입니다. 이 LVMH 그룹의 회장 베르나르 아르노가 바로 루이비통의 진정한 변화를 설계한 주인공입니다. 앞서 말씀드렸던 이부진 사장이 신라면세점에 루이비통을 입점시키기 위해 특별히 공들였던 대상이 바로

오드리 헵번은 자기 몸에 맞는 작은 사이즈의 스피디 백을 종종 들고 다녔다.

이 사람입니다. 베르나르 아르노가 루이비통의 경영권을 손에 쥔 과정은 뒤에 나오는 'LVMH' 편에서 자세히 설명하도록 하고, 여기에서는 루이비통에서 베르나르 아르노가 중요한 이유를 알아보도록 하겠습니다.

그가 루이비통의 변화를 설계한 사람이라고 평가받는 이유가 있는데요. 아르노 자신은 경영자였지만 누구보다 디자이너의 중요성을 잘 아는 인물이었습니다. 특히 관습을 거부하고 개성이 강하면서 매력이 넘치는 디자이너의 가치를 높이 샀습니다. 아르노는 명품을 소비하는 사람들 대부분은 돈은 충분히 많기 때문에 돈으로 사기 힘든 특별한 것, 즉 자신만의 아우라가 있는 디자이너의 매력에 더 끌린다고 생각했습니다. 또 대다수 디자이너나 유명인은 성공하거나 돈을 많이 벌면 매너리즘에 빠지거나 예전 같은 창조성을 발휘하지 못하는 데 반해, 관습에 휘둘리지 않는 창조적인 소수의 디자이너는 성공을 거두고 유명해져도 고유의 특성을 잃지 않은 채 계속 창의력을 발휘할 것이라고 믿었습니다.

아르노의 선택,
마크 제이콥스

LVMH 경영권을 손에 넣은 아르노는 그룹의 대표 선수인 루이비통을 되살리는 방법을 강구했습니다. 예전부터 유명했지만 젊음과 창조성을 잃어가던 가방 업체, 그러나 누구나 알고 있는 브랜드 루이비통. 아르노는 루이비통에 필요한 것이 '특별한 디자이너'라고 생각했습니다. 그런 디자이너가 있다면, 그가 루이비통이라는 브랜드에 생명력과 활기를 불어넣으면서 브랜드 가치를 단숨에 끌어올릴 수 있다고 확신했던 겁니다.

그 무렵 아르노는 한 디자이너를 주목합니다. 천부적인 재능과 엄청난 노력으로 이미 20대에 페리엘리스에 영입됐고, 1990년대 초반에 관습을 깨고 스트리트패션을 하이패션과 접목한 '그런지-룩 grunge look'을 선보여 미디어와 젊은 층으로부터 엄청난 관심과 환호를 받던 디자이너, 하지만 보수적인 경영진의 마음을 사지 못해 결국 서른도 되지 않아 회사에서 쫓겨난 천재, 마크 제이콥스Marc Jacobs였습니다.

참고로 마크 제이콥스는 아르노가 원하던 특별함을 루이비통에 영입되기 전에도, 후에도 유지했습니다. 사실 LVMH는 루이비통 이전, 지방시에 마크 제이콥스를 데려오려고 했죠. 하지만 마크 제이콥스는 다른 사람 이름이 붙은 브랜드는 싫다고 거절합니다. 젊은 나이에 배포가 대단하죠. 훗날 루이비통을 변화시키고 큰돈을 벌고 나서도 집이나 자동차 따위에는 별 관심을 보이지 않고 그림만 사 모았다고 합니다.

아무튼 마크 제이콥스를 한 문장으로 정의하자면 1990년대에 존재했던 아주 특별하고 능력 있는, 대단한 '관종'이라고 할 수 있습니다. 그의 삶 자체도 전반적으로 독특한데, 옷을 벗고 부츠만 신은

2009년 파리 패션 위크 루이비통의 기성복 패션쇼에 참석한 마크 제이콥스.
루이비통에 활기를 불어넣은 디자이너로 평가받는다.

채 사진을 찍는 등의 기행을 보이기도 했죠. 그 와중에 디자인 실력은 탁월해서 상도 많이 받았습니다. 뛰어난 성취를 이룬 데다 특이한 행동과 독특한 캐릭터로 인해 마크 제이콥스는 자연스럽게 대중의 관심을 불러일으켰습니다. 타고난 스타성을 갖춘 인물이었죠.

그와 관련한 일화 하나를 소개하자면, 영화 〈가위손〉의 여주인공이었던 위노나 라이더는 당시 굉장한 인기와 명성을 누렸음에도 불구하고 좀도둑질을 하는 도벽이 있었습니다. 그런 그녀가 마크 제이콥스의 드레스를 훔친 사건이 발생합니다. 온갖 언론과 대중의 관심이 쏟아졌죠. 위노나 라이더는 엄청난 망신을 당한 것은 물론이고 연예인으로서도 완전히 매장당할 위기에 처했죠. 그런데 마크 제이콥스의 대응이 절묘했습니다. 그는 위노나 라이더를 마크 제이콥스 브랜드의 모델로 기용합니다. 자신의 옷이 '훔치고 싶을 만큼 매력적!'이라는 걸 보여준 것이죠. 이 일은 당연히 어마어마한 화제를 몰고 왔겠죠? 그는 이렇게 화를 복으로 바꿀 만큼 영리하면서도 매력적인 인물이었습니다.

1997년에 루이비통에 입성한 마크 제이콥스는 기성복 라인부터 바꾸기 시작합니다. 당시 한 평론가는 '마크 제이콥스가 디자인한 옷은 일단 눈에 띄는데, 입으면 옷이 아닌 사람 자체를 돋보이게 한다'라고 평가한 적이 있습니다. 디자이너에게 이보다 더한 극찬이 있을까요? 마크 제이콥스의 또 하나의 장점은 '잘 논다'라는 것입니다. 매일 새벽까지 유흥을 즐겼기 때문에 바로 그런 문화 속에서 젊은 세대가 뭘 원하는지 정확히 안다는 것입니다.

이후 마크 제이콥스는 기성복 라인뿐만 아니라 기존의 가방 제품에도 파격적인 디자인을 도입했는데요. 젊은 세대로부터 지루하다고 평가받던 갈색 모노그램에서 탈피해 에나멜 코팅 소재를 쓴 '베르니 라인'을 출시하고요. 일본의 미술가 무라카미 다카시村上隆와 콜라보레이션해서 아주 밝고, 발랄하고, 화려한 느낌의 신제품들을 선보입니다. 이 제품이 그야말로 히트를 치죠.

마크 제이콥스는 이런 콜라보레이션에 능해서 무라카미 다카시뿐만 아니라 카니예 웨스트, 다프트 펑크와도 협업했는데, 이런 시도가 실제 매출로 연결되면서 새로운 바람을 불러일으켰습니다. 마크 제이콥스 덕분에 과거의 방식만을 고수하던 보수적인 기존 명품업계에 콜라보레이션 붐이 일어났죠. 이런 과정을 거쳐 마크 제이콥스 시절의 루이비통은 명품 가방 브랜드라는 이미지를 넘어 종합 명품 브랜드로 우뚝 섭니다. 결국 아르노 회장의 승부수가 통한 것이죠.

참고로 《뉴욕타임스》는 한 디자이너의 말을 인용하면서 이런 기사를 실은 적이 있습니다. 요약하자면, "구찌가 아무리 좋은 결과물을 내놓았다 하더라도 톰 포드가 잘생기지 않았다면 인기가 많았을까? 라거펠트가 아무리 디자인을 잘해도 그가 그렇게 특이하고, 언변이 뛰어나고, 이미지가 훌륭하지 않았다면 샤넬이 그만큼의 성과를 낼 수 있었을까?" 이런 이야기였습니다. 같은 맥락으로 루이비통의 성공도 따지고 보면 대중의 이목을 끌던 마크 제이콥스를 영입한 것이 결정적인 계기였는데, 이게 끝이 아닙니다. 이때만 해도 마크 제이콥스는 유명 디자이너였지만 굉장히 수수한 차림새로 다니는 편이었어요. 항상 뿔테 안경을 쓰고 커 보이는 옷을 입는 정도가 전부였죠. 그러다 2006년, 아주 엄격한 다이어트로 슬림한 몸매를 만드는 데 성공합니다. 이 일로 인해 마크 제이콥스는 더 많은 주목을 받았고, 동시에 그만큼 루이비통도 대중에 더 노출되는 효과를 거두기도 했습니다.

마크 제이콥스는 루이비통 브랜드를 지나치게 상업화했다는 비판을 받기도 했지만 그가 있던 1997~2013년 사이에 루이비통은 크게 변화했을 뿐 아니라 진정한 성장의 발판을 마련했다는 사실만큼은 누구도 부인하지 못할 겁니다. 이미지 변신에 성공한 것은 물론이고, 매출도 매년 최소 5~6퍼센트, 많게는 10퍼센트 이상씩 늘면서 2013년 말에는 11조2천억 원에 달하는 연 매출을 기록한 것으로 추정됩니다.

그 후의 루이비통은 발렌시아가에서 모터 백을 만들어 열풍을 일으켰던 니콜라 제스키에르Nicolas Ghesquiere를 아티

왼쪽은 1896년 조르주 비통이 제작한 루이비통의 모노그램을 바탕으로 한 스피디 백, 오른쪽은 2003년 일본인 아티스트 무라카미 다카시와 콜라보레이션한 모노그램 멀티컬러로 제작한 스피디 백.

루이비통의 이미지를 젊고 트렌디하게 만들고 싶었던 마크 제이콥스는 무라카미 다카시를 비롯한 다양한 분야의 아티스트와 콜라보레이션했으며 그의 시도는 성공적이었다고 평가받는다.

스틱 디렉터로 영입했고, 이런 변화가 지속되면서 2018년에는 앞서 말씀드린 것처럼 오프화이트의 버질 아블로를 남성복 아티스틱 디렉터로 영입하기까지에 이르죠. 그사이 매출도 계속 증가해서 연 매출 약 164억 달러, 우리 돈으로 약 18조 원을 기록하면서 LVMH 그룹의 매출을 가장 앞에서 이끌고 있습니다.

루이비통에 대해서는 지금도 너무 흔하고 상업적이며, 프랑스가 아닌 다른 지역에서 제품을 만들고, 제품 가격도 계속 올린다는 등의 비판이 있는데요. 하지만 루이비통은 160여 년 역사의 무게에 짓눌리지 않고, 어떤 브랜드보다 기민하게 변화하면서 여기까지 왔습니다. 사람들은 여전히 루이비통을 좋아하고, 계속 루이비통 제품을 더 많이 구입하고 있죠. 브랜드 가치로 따지면 샤넬과 에르메스, 구찌보다 높고요.

지금과 같은 루이비통의 위상은 브랜드 자체의 오랜 역사, 그것을 지키려고 했던 비통 가문의 노력, 그러한 역사에 프랑스 파리의 루이비통 매장.

함몰되지 않고 변화를 시도했던 디자이너들의 천재성, 이 모든 것이 조화를 이루면서 만든 겁니다. 그리고 그 같은 변화를 가능하도록 혁신을 도모하고, 정점에서 브랜드를 이끌고 있는 베르나르 아르노라는 걸출한 인물이 있고요. 그가 없었다면 루이비통은 지금도 단순히 명품 가방을 만드는 업체에 머물렀을지도 모릅니다. 처음에 루이비통의 브랜드 이야기는 패션에만 국한된 것이 아니라고 설명했던 이유도 바로 이 지점에 있습니다. 다음 편에서는 루이비통 브랜드의 주인이 바뀌고 진짜 변화가 시작된 계기와 그 변화의 핵심 인물인 베르나르 아르노와 LVMH에 대해서 좀 더 자세히 알아보도록 하겠습니다.

1등 사냥꾼,
명품 제국을 만들다

LVMH

현재 세계의 부자 순위가 어떻게 될까요? 2021년 9월 《블룸버그》에서 발표한 순위로는 1위는 테슬라의 일론 머스크, 2위는 아마존의 제프 베조스입니다. 4위는 마이크로소프트의 빌 게이츠, 5위는 페이스북의 마크 저커버그가 올라와 있죠. 이번 이야기의 주인공은 약 190조의 재산을 보유하는 것으로 평가되며 전 세계 부자 순위 3위를 차지한, 세계 최고의 명품 제국 LVMH Louis Vuitton Moët Hennessy의 회장인 베르나르 아르노 Bernard Arnault입니다.

애플의 스티브 잡스가 이렇게 이야기한 적이 있습니다. "50년 뒤에도 아이폰이 계속 인기를 얻을지는 모르겠지만, LVMH의 샴페인은 사람들이 계속 마실 것 같다"라고요.

루이비통, 디올, 지방시, 셀린느, 펜디, 로로피아나, 겐조, 벨루티, 로에베, 마크 제이콥스, 리모와 등의 명품 패션 브랜드에 겔랑, 아쿠아 디 파르마, 메종 프란시스 커정 같은 향수와 화장품 브랜드, 돔 페리뇽, 모에샹동, 헤네시, 글렌모렌지 등의 주류 브랜드, 그리고 프랑스에서 '귀족 백화점'으로 통하는 '르 봉 마르셰' 백화점, 면세점, 최고급 리조트, 크루즈 등 명품 브랜드 약 80개를 보유한 그룹이 바로 LVMH입니다. LVMH는 이 같은 명품 브랜드로도 모자라 구찌와 에르메스를 인수하려고 했고, 무려 17조 원을 들여 미국 최고의 명품 티파니까지 품에 안는 데 성공합니다.

세계 최고의 명품 그룹 LVMH의 시작,
베르나르 아르노

명품업계에는 구찌, 샤넬, 루이비통, 에르메스를 비롯한 많은 브랜드가 있습니다. 명품에 관심이 없다면 각각의 브랜드가 별개의 독립적인 기업이라고 생각하기 쉽죠. 하지만 한국에도 삼성, 롯데, LG처럼 수많은 회사를 가지고 있는 기업 그룹이 있듯이 세계 명품업계에도 거대 기업 그룹들이 있습니다. 구찌와 생 로랑, 발렌시아가 등의 브랜드를 가진 '케링 그룹', 카르티에, 몽블랑 등을 가진 '리치몬트 그룹'이 유명한데요. 세계적인 명품 그룹들은 자사에 소속된 여러 브랜드에 각기 다른 경영자와 디자인 책임자를 두는 식으로 규모의 경제를 꾸려갑니다. 그러한 명품 그룹 중에서 가장 압도적인 규모를 자랑하는 곳이 바로 LVMH입니다.

현재 LVMH를 이끄는 회장이 루이비통 편에서 등장했던 베르나르 아르노입니다. 그렇다고 해서 아르노가 LVMH의 창업자는 아닙니다. 그는 창업과는 전혀 관계없이 LVMH 지분을 사들이기 시작해서 결국 1980년대 후반에 LVMH의 최대 주주가 됐습니다. 그것도 우연히 찾아온 기회를 꽉 붙잡은 덕분이었습니다. 아마 아르노가 없었다면 LVMH는 지금의 명품 제국은커녕 자기들끼리 계속 싸움만 하다가 없어져버렸을지도 모르겠습니다. 그래서 사람들은 아르노를 일컬어 직접 명품 브랜드를 만든 적은 없지만, 명품 산업 자체를 창조해낸 인물이라고 평합니다. 아르노는 어떻게 LVMH를 손에 넣었고,

어떤 방식으로 명품 제국을 건설할 수 있었는지 그 과정에 대해 좀 더 깊이 들어가 보겠습니다.

베르나르 아르노는 프랑스 북부 노르주 루베에서 건설업을 하는 집의 아들로 태어났습니다. 공부도 잘했지만 특히 피아노를 잘 쳐서 어렸을 때 꿈은 피아니스트가 되는 것이었다고 합니다. 한 경제 전문 미디어에서 아르노와 한 인터뷰 기사를 보니, 자택에 야마하 그랜드 피아노가 놓여 있다고 하더군요. 지금도 매주 두어 시간 정도는 피아노를 연주한다고 합니다.

일흔이 넘어서도 연주를 즐길 만큼 피아노를 사랑한 아르노인데요. 어렸을 때 어느 날 갑자기 피아니스트의 꿈을 딱 접습니다. 왜 그랬을까요? 나중에 누군가 꿈을 포기한 이유를 물었을 때 아르노는 이렇게 대답했습니다. "나는 재능이 있었어요. 하지만 뛰어난 피아니스트가 되려면 그냥 재능이 아니라 특별한, '슈퍼 탤런트'가 있어야 한다는 걸 알았죠. 그래서 그만뒀습니다." 집도 부유했고 재능이 없는 것도 아니었으니 피아노를 계속 쳤다면 어느 정도 뛰어난 피아니스트는 될 수도 있었겠죠. 하지만 그는 평범한 수준의 피아니스트가 되는 게 싫었던 겁니다. 어린 시절부터 아르노는 자신을 냉정하게 평가하는 동시에 최고가 되려는 열망을 품었던 것이죠.

그는 피아노를 그만둔 후 아버지의 사업을 돕습니다. 수완이 좋았던 아르노는 입사 5년 만에 부친을 설득해 4천만 프랑, 지금 한화로 약 320억 원에 회사를 매각한 후, '페리넬'이라는 이름으로 부동산 사업을 시작했고 큰 성과를 거둡니다. 하지만 1981년, 사회당 정권의 프랑수아 미테랑이 대통령에 당선되면서 당시 서른두 살이던 아르노는 프랑스를 떠나야겠다고 결심합니다. 사회당 정권이 기업 활동을 옥죌 거라고 판단한 것이죠. 이후 미국으로 건너간 아르노는 부동산 사업을 벌였는데, 꽤 성공적이었습니다. 플로리다 팜비치에 20층 콘도를 지어서 돈을 꽤 벌었죠.

고향을 떠나 미국으로 진출해 벌인 사업이 잘됐으니 보통 사람이라면 하던 걸 계속 열심히 해나갔을 거예요. 하지만 아르노는 이 지점에서도 다르게 선택합니다. 부동산 사업을 그만 접어야겠다고 결심하죠. 왜 그랬을까요? 막상 미국에서 부동산 사업을 해보니 '내가 미국 부동산 업계에서 진짜 대단하지 않구나, 이 업계에서 이 정도 수준의 부자는 수두룩하고, 나는 절대 이 사업으로 최고가 될 수는 없겠구나'라고 생각했다고 해요. 피아니스트의 꿈을 돌연히 접었을 때처럼 아르노는 다시 다음 기회를 노리기로 마음먹습니다.

모든 일의 시작에는 '계기'가 있기 마련입니다. 새로운 기회를 찾고 있던 아르노를 지금과 같은 세계적인 부자로 만들어줄 씨앗 같은 사건이 발생합니다. 때는 1984년, 프랑스 정부가 섬유 재벌기업이자 디올의 모기업이었던 부삭의 파산을 막기 위해 새 주인을 찾으려 한다는 소문이 퍼집니다. 만약 부삭이 무너진다면 제2차 세계대전 이후 프랑스에서 최대 규모의 파산이 벌어질 수 있었죠. 프랑스 정부로서는 사회적 혼란을 막기 위해서라도 어떻게든 부삭의 새 주인을 찾아야만 했어요.

아르노는 미국에서 이 소식을 듣고 급히 프랑스로 돌아와 전

광석화처럼 움직입니다. 당시 그의 재산은 부삭을 인수하기에 한참 부족했죠. 그는 우선 프랑스의 전설적인 은행가 앙투안 베른하임의 조언을 받아 부삭 경영진의 마음을 돌리고, 부친에게도 재산을 투자하라며 설득합니다. 자신의 재산뿐만 아니라 가족의 자산까지 걸겠다는 것이었죠. 그렇게 다른 투자자들을 모으고, 싫어하던 사회당 정부 고위직에 로비까지 펼치면서 아르노는 끝내 자기 가족 회사보다 적어도 20배는 큰 부삭을 인수하는 데 성공합니다.

피아노를 그만둘 때도, 미국에서 부동산 사업을 접을 때도 아르노는 다음 기회를 엿보면서 힘을 아꼈지만 이번에는 달랐습니다. 과거와 다르게 투자받은 자금뿐 아니라 자신과 가족의 재산까지 쏟아부으면서 그야말로 '올인'한 것이죠. 사람들은 무모한 도전이라고 생각할 수 있겠지만 아르노에게는 그럴 만한 이유가 있었습니다. 당시 섬유회사 부삭에는 아르노가 마음속으로 노렸던 진짜 목표, 훗날 명품 제국을 만들 씨앗, 디올이 있었기 때문입니다.

앞서 디올 편에서 크리스티앙 디오르가 섬유 재벌이자 프랑스 최고 부자인 마르셀 부삭을 찾아가 자신의 이름을 건 브랜드를 만들어달라고 했던 이야기를 기억하시나요? 그 부삭이 지금 말씀드리는 사람과 동일합니다. 과거 부삭의 후원으로 탄생한 브랜드 디올은 그 사이 세계적인 명품 브랜드로 성장해 부삭 그룹 안에 속해 있었고, 아르노가 부삭을 인수하면서 디올도 함께 아르노의 품에 안겼죠. 참고로 아르노의 모친이 디올 브랜드의 마니아였다는 점도 한몫했다고 합니다.

아르노는 부삭 그룹을 인수한 뒤 2년 가까이 부삭 그룹의 직원 약 9천 명을 해고합니다. 그리고 디올 등 소수의 회사만을 남기고, 부삭 그룹 산하에 있는 회사들의 거의 모든 자산을 잘게 쪼개서 팔아버립니다. 처음 인수한 가격의 8배가 넘는 금액인 약 6천억 원을 벌어들이죠. 아르노는 처음부터 계획이 있었던 겁니다. 부삭 그룹 내의 여러 회사 중 진짜 탐났던 디올은 남겨두고, 다른 자산은 나눠 팔아 투자금을 일단 회수할 속셈이었던 거예요. 이 노림수를 위해 모든 것을 걸었던 아르노는 결국 큰돈을 벌어들입니다. 이러한 기업 인수 방식은 당시의 프랑스에서는 상상하기조차 어려운 일이었습니다. '대체 미국에서 뭘 배워 온 거냐' '일자리와 자산은 그냥 두기로 하지 않았느냐' 등 아르노에게 비난과 비판이 엄청나게 쏟아졌습니다. 하지만 이에 대해 아르노는 "내가 약속한 건 앞으로 회사가 이익이 나도록 하겠다는 것밖에 없다"라고 일축했죠.

'캐시미어를 입은 늑대'라는 아르노의 별명은 이 같은 행보에서 나온 것입니다. 캐시미어는 산양이나 염소 털로 만드는데요. 겉모습은 피아노 치는 소년, 산양 혹은 염소 같은 초식동물처럼 보이지만, 속은 마치 늑대처럼 인정사정없이 먹이를 집어삼키는 인물이란 뜻일 겁니다.

LVMH의 CEO 베르나르 아르노.

비즈니스의 성공 비결은
기회를 붙잡는 것

아르노는 디올을 얻는 데 성공하고 향후 사업의 주춧돌을 놓았지만 LVMH 산하의 다른 브랜드는 어떻게 손에 넣었을까요? 우선 대략적으로나마 LVMH라는 회사의 기원에 대해 이해해야 합니다.

LVMH는 네 가문이 만든 가업 형태의 기업들이 모태가 된 회사입니다. 루이비통의 '비통 가문', 모에Moët 가와 샹동Chandon 가의 결합으로 만들어진 샴페인 기업 '모에샹동Moët&Chandon 가문', 그리고 코냑을 만드는 '헤네시Hennessy 가문'이 합쳐진 것인데요. 일단 처음에는 샴페인을 만드는 모에샹동과 코냑을 만드는 헤네시가 서로 합병하면서 모에헤네시Moët Hennessy가 만들어졌습니다. 둘 다 포도로 술을 만드는 주류 회사이니까 서로 힘을 모으면 생산 과정에서 겹치는 비용을 줄이고 이익도 높이고 유통망 관리에도 도움이 될 거라는 계산이 있었을 테죠. 이를 발판으로 해외 시장, 특히 아시아 시장 진출을 노리는 계획도 있었고요. 실제로 두 회사가 결합한 이후 약 20년 동안 그 전에 비해 매출이 3배 이상 뛰면서 모에헤네시는 전 세계 코냑 시장의 20퍼센트, 샴페인 시장에서 15퍼센트의 점유율을 차지합니다. 아시아 진출도 성공적이어서 아시아에서는 헤네시가 1등 코냑 브랜드가 됐습니다. 모에헤네시에서 모에의 첫 글자 M, 헤네시의 첫 글자 H가 LVMH의 뒷부분 MH를 의미합니다.

그런데 승승장구하던 모에헤네시에도 한 가지 큰 문제가 있었습니다. 모에, 샹동, 헤네시 세 창업 가문의 지분이 너무 적다는 것이었죠. 세 가문의 지분을 다 합쳐도 전체 지분의 22퍼센트에 불과했습니다. 그래서 창업 가문 사람들은 걱정하기 시작했습니다. '혹시 누군가 적대적으로 지분을 인수하면 회사를 빼앗길 수도 있지 않을까?' 이런 우려 때문에 1987년에 이들은 백기사를 찾는데, 그게 바로 루이비통이었습니다. 그 후 마치 사랑에 빠진 것처럼 네 가문은 빠르게 힘을 합칩니다. 루이비통의 LV와 모에헤네시의 MH가 합쳐져 '루이비통모에헤네시', 즉 'LVMH'가 탄생한 겁니다. 그리고 애초 목표대로 네 가문 지분의 합도 전체 지분의 50퍼센트를 넘었죠.

이제 안정적으로 흘러가겠다 싶지만 사람의 일도, 기업의 운명도 늘 뜻대로만 되는 법은 아니죠. 얼마 지나지 않아 문제가 발생합니다. 우선 루이비통의 책임자인 앙리 라카미에와 모에헤네시의 책임자인 알랭 슈발리에 사이에 주도권 다툼이 벌어집니다. 누가 일인자인가 하는 문제에서부터 어떤 행사에 후원할 것인가와 같은 문제에 이르기까지 사사건건 충돌하게 된 겁니다. 루이비통은 음악회나 전시회 같은 곳에 즐겨 후원했고, 모에헤네시는 주로 F1 레이스 같은 곳에 후원했습니다. F1에서 우승하면 샴페인을 터뜨리는데, 그때 모에샹동 제품이 쓰이게 되죠. 라카미에와 슈발리에 간의 싸움이 점입가경으로 치달으면서 갈수록 별것 아닌 문제로까지 다툼이 번졌습니다. "루이비통은 백화점에서 판매하는데 모에샹동은 동네 슈퍼에서도 살 수 있잖아." 실제로 이런 말도 안 되는 것까지 트집을 잡으면서 자존심 싸움을 벌이는 지경에 이르죠.

그런데 내우외환, 위기는 내분이 있을 때 발생하기 쉬운 것일까요? 이러한 주도권 다툼을 벌이는 와중에 LVMH의 주식 거래량이 어느 날 갑자기 폭발적으로 증가합니다. 서로를 노려보며 으르렁대느라 바빴던 라카미에와 슈발리에 두 사람 모두 퍼뜩 정신이 들었습니다. 과거와 같은 고민이 다시 생긴 것이죠. '혹시 네 가문 중 어느 하나라도 꼬임에 빠져서 누군가에게 지분을 넘기면 어떡하지?'

불신으로 피어난 새로운 고민 앞에서 두 책임자는 잠깐 다시 힘을 합칩니다. 루이비통과 모에헤네시가 의기투합했을 때처럼 새로운 백기사를 부르기로 한 건데요. 당시 모에헤네시 쪽이 같은 주류업계의 공룡이었던 기네스Guinness를 끌어들입니다. 그러면서 처음에는 기네스가 LVMH의 지분을 약 3.5퍼센트를 보유하는데, 이 지분율은 경영권 분쟁이 벌어졌을 때 불을 끄기에는 너무 적었죠. 그래서 모에헤네시는 기네스 측에 우호 지분을 더 늘려달라고 부탁했습니다.

그런데 루이비통이 이런 상황을 가만히 지켜보고 있자니 뭔가 영 이상하다는 생각이 든 겁니다. '아니, 주류업체끼리 힘을 합쳐서 우리 같은 명품 브랜드를 차지하겠다는 거야? 그래서는 곤란하지!' 그래서 루이비통도 자사에 우호적일 수 있는 백기사를 찾아나섭니다. 아무래도 모에헤네시가 같은 주류업계인 기네스를 끌어들였듯이 루이비통도 자사가 우위를 점하려면 명품을 이해하는 회사가 들어와야 한다는 계산을 했겠죠. 그때 루이비통의 눈에 든 것이 바로 디올을 갖고 있던 베르나르 아르노였습니다. 루이비통 쪽에서 아르노에게 LVMH의 지분 25퍼센트를 확보해서 같은 편이 되어달라고 제안한 것인데, 이 선택은 결국 여우들 싸움에 늑대를 끌어들인 꼴이 되고 말았습니다. 1988년 여름에 벌어진 일입니다.

사실 아르노는 처음엔 루이비통 편에 서려고 했습니다. 그랬으면 모에헤네시 & 기네스의 '주류 연합' 대 루이비통 & 아르노의 '명품 연합'으로 전선이 형성됐겠죠. 그런데 앞에서 부삭을 인수할 때 조언해줬던 전설적인 은행가, 앙투안 베른하임이 다시 한번 결정적인 충고를 합니다. '절대로 기네스랑 싸우면 안 된다, 기네스는 자금이 풍부한 회사이기 때문에 기네스랑 싸우면 넌 짓밟히고 말 거다, 차라리 기네스 편에 붙어라'라는 내용이었어요. 살다보면 금쪽같은 조언을 찰떡같이 알아듣는 사람이 있고, 아무리 좋은 얘기를 해줘도 못 알아듣는 사람이 있죠. 아르노는 어땠을까요? 전자였습니다. 앙투안 베른하임의 조언을 받아들였던 것이죠. 아르노는 결국 이 싸움판에 자기를 끌어들인 루이비통을 등지고 모에헤네시 & 기네스 연합 편에 서고, 이후 기네스와 힘을 합쳐 LVMH의 지분을 25퍼센트 사들이면서 루이비통을 고립시켰습니다.

루이비통으로서는 분통이 터질 만한 상황이죠? 자기가 끌어들인 사람에게 완전히 배신당한 꼴이었으니까요. 이렇게 넋 놓고 당할 수 없다고 생각한 루이비통은 지분을 사 모으고 소송전을 펼치는 등 할 수 있는 노력을 다하였지만 상황을 뒤집기에는 역부족이었습니다. 아르노가 맹렬하게 달려들어 단 사흘 동안 무려 7천억 원 이상을 동원해서 지분을 늘렸으니까요. 루이비통이 포기하지 않고 덤비자 또 다시 이틀 동안 6천억 원가량을 끌어모아서 소유 지분을 더 늘

1988년 9월 21일 프랑스에서 개최된 LVMH 주주총회에 참석한 앙리 라카미에, 알랭 슈발리에, 베르나르 아르노(왼쪽에서 오른쪽 순으로).

렸습니다. 그렇게 아르노는 루이비통 가문을 점점 더 고립시키면서 나머지 모에, 샹동, 헤네시 가문을 구워삶았는데요. 결국 용의주도한 '늑대' 아르노가 승리를 거머쥡니다.

이런 아르노에 대해 '뒤통수를 쳤다' '비겁하다'라고 비판하는 이들도 있습니다. 하지만 아르노는 이 전쟁에서 승리하고 LVMH 최대 주주에 등극한 지 얼마 지나지 않아 《뉴욕타임스》와 인터뷰하면서 이렇게 말합니다. "비즈니스의 비결은 기회를 꽉 붙잡는 겁니다."

명품 브랜드를
싹쓸이하다

아르노가 루이비통과의 전투에서 승리한 이후 LVMH는 명품 브랜드들을 그야말로 싹쓸이하기 시작합니다. 이 과정에서 아르노는 창업자 가문의 분열을 능수능란하게 이용합니다. '너 쟤 싫지? 네 지분 나한테 넘기면 비싸게 사줄게' 이런 식이었으니 말이죠.

물론 이런 작전이 전부 성공했던 것은 아닙니다. 아르노는 구찌가 막장 같은 집안 싸움으로 난장판이 됐을 당시 구찌를 인수하려고 움직였는데, 가장 강력한 경쟁자 중 하나이자 친구가 이끌던 PPR 그룹(현재 케링 그룹)에 밀려 실패하고 말았습니다. 하지만 여기서 포기하지 않고 이후에는 가장 강력한 브랜드인 에르메스를 노렸죠. 아르노는 어릴 적부터 언제나 1등에 대한 강한 열망을 품었기 때문에 명품 브랜드 중에서도 최고가를 형성하던 에르메스가 정말 탐났을 겁니다. 화룡점정하겠다는 속셈이었겠죠. 이번에는 구찌 때보다 훨씬 치밀하게 준비했습니다.

아르노는 복수의 기관을 이용해 비밀리에 에르메스의 지분을 야금야금 사 모읍니다. 한국에는 어떤 회사의 지분을 5퍼센트 이상 소유하게 되면 공시해야 한다는 규정이 있는데 프랑스에도 비슷한 규정이 있습니다. 이 규정을 교묘히 이용해 공시가 안 될 만큼만 몰래 계속 사 모은 것이죠. 이렇게 에르메스 지분을 모은 기간이 무려 10년입니다. 아르노라는 사람의 집념과 치밀함을 어느 정도 엿볼 수 있는 일화이죠. 그리고 2010년 10월, 이제 전쟁을 벌일 때가 됐다고 판단한 아르노가 늑대의 모습을 드러내죠. 그는 알프스에서 자전거를 타고 있던 에르메스 CEO에게 전화를 걸고 이렇게 통보하죠. "우리가 당신 지분의 17퍼센트를 샀습니다. 2시간 뒤에 발표할 겁니다."

에르메스로서는 그야말로 마른하늘에 날벼락을 맞은 것 같았을 거예요. 실제로 난리가 났습니다. 아르노와 LVMH는 여기에서 그치지 않고 에르메스 지분을 23.1퍼센트까지 늘리면서 총공세를 펼칩니다. 하지만 치열한 경쟁과 법정 다툼 끝에 에르메스가 방어에 성공합니다. 다른 명품 기업 창업자 가문과 달리 에르메스 가문은 한마음 한뜻으로 똘똘 뭉쳤던 것이 주효했습니다. 하지만 이 싸움으로 인해 LVMH와 아르노가 돈을 잃지는 않았습니다. 경영권 분쟁이 나면 보통 주가가 따라 오르기 마련입니다. 이 분쟁으로 인해 에르메스의 주가가 치솟으면서 아르노는 에르메스를 손에 넣지는 못했지만 투자 수익을 쏠쏠하게 챙겼습니다.

이뿐만이 아닙니다. 최근 LVMH가 미국의 명품 주얼리 브랜드 티파니앤코TIFFANY & Co.를 인수할 때도 아르노의 수완이 드러났는데요. 처음에는 약 19조 원의 인수가를 제시했던 LVMH는 코로나19 사태 등을 핑계로 계약을 한 번 중단합니다. 역대 최대의 계약을 앞둔 티파니앤코로서는 허를 찔린 셈이죠. LVMH는 결과적으로 인수 금액을 깎아 약 17조 원에 티파니를 품습니다. 뿐만 아니라 LVMH는 이 세기의 협상을 통해 상대적으로 경쟁이 치열하지 않아 수익은 높은 편이었지만 경쟁 그룹을 압도하지 못하던 '하드 럭셔리(시계와 귀금속)' 분야에서도 주도권을 쥐게 됐습니다.

그런데 아르노는 수많은 명품 브랜드를 다 자기 손에 넣으려는 걸까요? 아르노는 처음 디올을 품을 때부터 이런 생각을 했다고 합니다. '세계의 부는 점점 더 커질 것이고, 그에 맞춰 명품에 대한 수요도 갈수록 높아질 것이다. 이 흐름, 이 파도에 운명을 건다. 몸을 던진다. 빠져 죽지 않는다. 나는 그 파도에 올라탈 것이다.'

실질적으로 LVMH는 몸집이 커질수록 자재 구매 비용, 물류 비용, 전산 비용 등을 줄이고, 매장 임대 협상을 할 때 우위를 점할 수 있었습니다. 물론 아르노의 이런 공격적인 행보를 비판하는 목소리도 당연히 있습니다. 명품을 지나치게 대규모로, 상업적으로 찍어내듯 만든다는 것이죠. 그에 대해 아르노는 이렇게 반응합니다. "진정한 명품이 무엇이냐에 대한 개념은 사람마다 다르다. 그리고 우리 고객이 만족하면 되는 거 아닌가?"

LVMH는 약 17조 원에 인수한 티파니앤코(위) 외에도 불가리, 태그호이어,
위블로 등 하드 럭셔리 분야의 여러 명품 브랜드를 소유하고 있다.
LVMH는 매년 젊은 패션크리에이터의 육성과 지원을 목적으로 LVMH 상을
개최하고 있다. 사진은 2014년 LVMH 상의 수상자 발표 현장이다(아래).

한편으로 LVMH는 뛰어난 디자이너를 발굴하고 지원하며 각 브랜드를 독립적으로 운영하게 합니다. 그 덕분에 개별 브랜드의 개성과 특성을 최대한 살려준다는 긍정적인 평가도 받고 있죠. 마치 예전에 자기의 꿈을 접을 때처럼 스스로를 냉정하게 보면서 사업가로서의 강점은 최대한 살리고, 부족한 부분은 그 분야의 가장 뛰어난 사람을 발굴해 극복하는 셈입니다.

아르노가 키를 잡고 성장시켜온 LVMH의 매출은 2019년에 약 72조 원까지 늘었습니다. 2020년 초에는 코로나19 사태로 위기를 겪다가 3분기에는 패션, 가죽 부문 매출이 전년보다 증가했고요. 반등에 성공하면서 여전히 많은 사람이 LVMH의 명품을 원한다는 것을 입증해냈죠. 하지만 다음과 같은 말을 했던 걸 보면 아르노는 여기에서 만족할 수 없는 모양입니다.

"우린 아직 작다. 이제 막 시작이다. 우리가 1등인 것은 맞지만, 우리는 더 멀리 갈 수 있다."

그의 예상처럼 명품을 원하는 이들이 점점 늘어나고 LVMH는 계속 확장될까요? 과연 이 명품 그룹의 앞날은 언제까지 화려하게 빛날 수 있을까요?

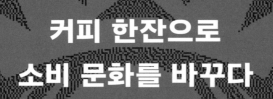

커피 한잔으로
소비 문화를 바꾸다

스타벅스

08

많은 한국인이 '커피'라고 하면 이 브랜드를 떠올립니다. 최근에 코로나19 바이러스 사태로 식음료 매장이 어려움을 겪었는데요. 관세청 수출입무역통계에 따르면 2020년 한국의 커피(원두, 생두 등) 수입량은 17만6천여 톤으로, 2019년 16만7천여 톤에 비해 오히려 증가했습니다. 게다가 이번에 이야기할 이 브랜드의 2020년 3분기 누적 매출은 2019년 3분기 누적 매출보다 5.4퍼센트 오른 1조4천여억 원이었다고 하죠. 특히 드라이브 스루 매장 확대와 사이렌 오더 서비스가 코로나19 상황에서 주효했다고 평가받았습니다. 이미 이 서비스에서 어떤 브랜드인지 짐작이 가실 겁니다.

　　코로나19 사태 이전에도 이 브랜드는 독보적인 존재감을 가지고 있었습니다. 한국에 커피 전문점 브랜드가 대략 30여 개가 넘는데 그중에서 약 30퍼센트 이상의 매출을 이 브랜드가 차지하고 있죠. 처음 이 브랜드가 한국에 들어왔을 때는 커피값이 비싸다는 비판을 받기도 했지요. 이제는 한국에서만 1년에 1억 잔 이상의 아메리카노를 판매하는 기업, 한국뿐만 아니라 전 세계의 커피 소비 문화를 바꾼 '스타벅스Starbucks'입니다.

한국에서 유독
많이 팔리는 스타벅스

한국 사람은 1년에 커피를 몇 잔이나 마실까요? 다양한 통계 자료가 있습니다만 현대경제연구원에 따르면 우리나라 성인 일인당 커피 소비량(2018년 기준)은 연간 353잔으로, 세계 평균 132잔의 2.67배에 달합니다. 커피를 엄청 많이 마시고 있는 셈이죠. 그럼 한국의 일인당 커피 소비량은 세계 몇 위쯤 될까요? 세계커피기구ICO의 조사에 따르면 세계에서 가장 커피를 많이 마시는 나라는 핀란드입니다. 북유럽 특유의 추위와 겨울철 밤이 긴 특성과 연관이 있겠죠. 핀란드 사람들은 우리보다 커피를 6배 넘게 마십니다. 네덜란드도 핀란드 못지않게 커피 소비량이 많죠. 주로 북유럽에 포함되는 추운 나라들이 커피를 많이 소비하는 셈입니다. 미국은 한국보다 2.5배 정도, 일본은 약 2배 정도 더 많이 마신다는 통계가 있습니다. 결론적으로 한국의 커피 소비량은 세계 30위에도 못 미칩니다.

그러나 2020년 5월 기준으로 한국은 스타벅스 매장이 세계에서 다섯 번째로 많은 국가입니다. 미국, 중국, 캐나다, 일본, 그다음이 한국이죠. 또한 세계 주요 도시 중 스타벅스가 가장 많은 도시는 2020년 초 기준으로 서울이 압도적인 1위였습니다. 최근 중국의 주요 도시에 스타벅스 매장이 빠르게 늘어났지만 현재 순위를 보자면 역시 서울이 1등입니다. 한국은 평균 커피 소비량에 비해 스타벅스 매장 수가 눈에 띄게 많은 셈이지요. 그렇다면 왜 한국에서 스타

스타벅스는 프리미엄 커피를 즐길 수 있는 리저브 매장을
전 세계에서 8백여 개를 운영하고 있다.

벅스 매장이 이렇게 많을까요? 답은 간단합니다. 한국에서 스타벅스 커피가 유독 많이 팔리기 때문입니다.

2018년 기준 한국 커피 시장의 매출은 총 6.8조 원 규모였습니다. 그중에서 커피 전문점 시장이 4.3조 원가량을 차지하고요. 이 커피 전문점 시장의 매출 4.3조 원 중에서 무려 30퍼센트 이상을 스타벅스가 차지합니다. 압도적인 1위인 셈이죠. 2016년에 매출 1조 클럽에 들어간 한국 스타벅스의 매출은 그 이후 매년 20퍼센트씩 성장했고, 2019년에는 약 1조9천억 원가량을 기록했으며, 곧 2조 원대를 눈앞에 두고 있습니다. 각국의 커피 시장에서 스타벅스가 이렇게 큰 비중을 차지하는 나라는 한국밖에 없다고 해도 과언이 아닙니다.

그뿐만 아니라 'e-프리퀀시'를 비롯한 스타벅스의 각종 이벤트도 한국의 소비자들이 가장 열렬하게 호응합니다. 스타벅스가 중국과 일본을 비롯해 아시아권을 중심으로 이벤트를 열기는 하지만 한국만큼 반응이 즉각적인 곳은 없습니다. 2020년에 스타벅스에서 커피 17잔을 구매하면 서머 레디백이나 캠핑 의자를 증정하는 이벤트를 했을 때도 화제가 됐었죠. 한 번에 커피 374잔을 주문해서 사은품만 22개를 챙겨간 사람도 있었습니다. 게다가 이 사은품이 한 개에 10만 원가량에 되팔리기도 했고요. 2021년 1월, 스타벅스 코리아가 독일 장난감 회사 '플레이모빌'과 협업해 만든 한정판 굿즈 '스타벅스 플레이모빌 피겨' 역시 서머 레디백 대란과 비슷한 반응을 불러일으켰습니다. 각 매장마다 문 앞에 사람들이 줄을 선 모습을 쉽게 볼 수 있었고, 줄서기 시비가 벌어지며 경찰이 출동하기도 했죠. 이 피겨의 중고가는 정가의 5배까지 뛰기도 했습니다.

사실 스타벅스 본사가 한국에 특별히 신경을 쓴다기보다 이러한 이벤트가 한국에서 반응이 좋으니 스타벅스에서도 한국 시장에 상당한 공을 들여 지속해서 이벤트를 진행하는 것 같습니다. 실제로 2014년에 미국 스타벅스 본사 대변인은 한국에 첫 매장을 낼 때만 해도 한국 시장에 큰 기대를 하지 않았다고 이야기한 적이 있습니다. 하지만 스타벅스가 한국에서 큰 인기를 얻고 각종 이벤트가 연이어 성공하자 점점 더 새로운 경험을 제공하고 다양한 브랜드와 콜라보레이션하게 된 겁니다. 예를 들어 몰스킨, 라미, 팬톤, 꼬르소 꼬모 등의 브랜드와 합작한 MD상품이 큰 호응을 얻었고요. 이런 이벤트를 열거나 연말에 스타벅스에서 제작한 다이어리 증정 행사를 하면 매출이 눈에 띄게 오른다고 합니다. 이런 MD상품이 한국 스타벅스 매출의 약 10퍼센트를 담당한다고 합니다. 심지어 MD상품 디자인을 전담하는 직원이 현재 미국 본사와 한국에만 있다고 하니, 스타벅스가 한국 시장에 얼마나 신경을 쓰는지 짐작해볼 수 있습니다.

외국과 다른
한국만의 스타벅스

스타벅스가 한국에 처음 들어온 것은 1999년입니다. 신세계의 정용진 부회장이 미국 유학 시절 좋아했던 스타벅스를 한국에 들여오기로 한 뒤 스타벅스 본사와 합작 사업을 추진했다고 하죠. 정 부회장은 유학 당시, 한국에 없는 새로운 커피 문화에 큰 매력을 느꼈다고 합니다. 결국 스타벅스와 신세계가 공동 출자하고 지분을 50퍼센트씩 나누기로 한 뒤 이화여대 앞에 1호점을 열었습니다. 그 이후 스타벅스는 한국 시장에서 승승장구했죠. 종주국인 미국에서도 스타벅스 매출이 주춤해서 매장 수를 줄일 때가 있었지만 한국에서는 처음부터 대박을 터트리더니 지금까지 매출이 계속 증가하고 있습니다.

게다가 한국 내 모든 스타벅스 매장은 본사가 운영하는 직영점입니다. 광화문이나 홍대입구역 인근처럼 유동 인구가 많은 지역을 살펴보면 스타벅스 바로 건너편에 또 스타벅스가 있는 것을 발견할 수 있는데요. 이것은 직영점이라서 가능한 일입니다. 매장을 늘려도 경쟁할 필요가 없기 때문입니다. 오히려 매장을 늘림으로써 고객 접근성을 높일 수 있고, 같은 지역에서 한 매장의 매출이 좀 떨어져도 전체 매출이 늘어나면 되니 문제될 것이 없습니다. 게다가 매장을 늘리면서 최대한 고객을 많이 끌어들이는, 다양한 방식으로 마케팅할 수도 있습니다.

'사이렌 오더'는 한국에서 2014년에 처음으로 도입됐는데요. 이 서비스 명칭 속 사이렌은 스타벅스의 상징인 '세이렌Siren', 신화 속 인어를 가리킵니다. 세이렌은 바다에서 선원들을 만났을 때 그들을 유혹해 물에 빠트려 죽게 만드는 존재인데요. 세이렌의 영어식 이름이 사이렌이고, 여기에 착안해 새로운 서비스의 이름을 사이렌 오더라고 지은 것이죠. 스타벅스 코리아에서 3년여간 개발 끝에 처음으로 사이렌 오더 서비스를 내놨더니 스타벅스 CEO인 하워드 슐츠가 다음 날 바로 스타벅스 코리아로 이메일을 보내왔다고 하죠. 거기에는 '판타스틱Fantastic!' 딱 이 한 단어가 적혀 있었다고 합니다. 미국 본사에서도 한국의 사이렌 오더가 인상적이었다는 것을 짐작해볼 수 있는 일화입니다.

지금 생각하면 마치 오래전부터 있었을 것만 같은 사이렌 오더는, 서비스 개시 당시만 해도 다른 곳에서는 보기 드문 혁신적인 주문 방식이었습니다. 스타벅스는 진동벨을 사용하지 않고 직원이 주문한 고객의 이름을 불러 전달하는 서비스 방식을 고수해왔었는데요. 매장이 크거나 여러 층으로 나뉘어 있을 때는 부르는 직원도, 커피를 기다리는 고객도 불편한 상황이 많았어요. 하지만 사이렌 오더 서비스를 이용하면 고객은 기다리지 않고 커피를 받을 수 있고 스타벅스도 인력과 시간을 줄일 수가 있었죠. 모바일 앱을 통해 주문 진행 상황을 알려주니 직원은 굳이 목소리를 높여 고객 이름을 부르지 않아도 되고, 고객은 신경을 곤두세우고 자기 이름을 놓칠까 봐 걱정하지 않아도 되니 얼마나 편리하겠어요? 소비자와 판매자 모두에게 이득이 되는 새로운 주문 방식이었죠.

결국 사이렌 오더 서비스는 한국에서 미국으로 역수출되기도 했는데요. 미국 본사는 2014년 말 해당 서비스를 오리건주 포틀랜드에 시범적으로 도입한 다음, 2015년 9월에 미국 전 지역으로 확대했습니다. 같은 해 10월에는 영국과 캐나다의 스타벅스 법인에서 각각 '오더 앤드 페이'란 이름으로 모바일 앱을 통해 주문받기 시작했고,

2015년 스타벅스 최고 디지털 책임자인 애덤 브로드만이
시애틀에서 열린 스타벅스 연례 주주총회에서 스타벅스의
새로운 모바일 주문 및 페이 서비스에 대해 이야기하고 있다.

2016년에는 홍콩의 스타벅스에서도 이 서비스를 도입했습니다.

한국에서 워낙 인기가 많다보니 스타벅스가 입점해 있는 건물의 가치도 올라간다는 평가가 많습니다. 스타벅스가 있는 건물은 사람들이 더 모이고, 결국 그 건물에 입점한 다른 매장까지 잘될 가능성이 커지겠죠. 그래서 건물을 매입하려는 이들이 스타벅스가 입점해 있는 매물을 노리는 경우도 많죠. 연예계의 유명인이 스타벅스가 입점한 빌딩을 사들이면 기사가 나기도 하고요. 게다가 스타벅스는 월세를 매출과 연동해서 내기 때문에 건물주로서는 월세를 더 받을 여지도 있는 셈이니, 건물주에게 스타벅스의 인기가 높을 수밖에 없습니다. 실제로 2020년 여름에 서울 마포구에서 스타벅스가 입점한 빌딩 한 채가 매물로 나왔었는데, 비슷한 조건과 면적의 다른 건물들보다 매매가가 약 20퍼센트 정도 높았습니다. 다른 조건을 고려하더라도 이 정도면 스타벅스 프리미엄이 실제로 존재한다고 볼 수 있을 것 같습니다. 이렇게 한국에서 스타벅스가 잘되다보니 다른 커피 프랜차이즈에서도 연말에 자체 제작 다이어리 증정 이벤트를 열기도 합니다. 중국에서는 짝퉁 스타벅스라 불리는 '루이싱 커피'가 등장해 한때 선풍적인 인기를 끌기도 했지만 그 같은 반응이 오래가지는 못했습니다. 세계 곳곳에서 다양한 커피 전문점이 등장해 인기를 끌거나 큰 식품업체에 매각된 성공 사례도 있지만 아직 스타벅스만큼 성공한 커피 전문점은 없습니다.

물론 스타벅스에 대한 부정적인 시선도 많습니다. 스타벅스 커피를 마시면 국부가 유출된다는 사람도 있고 커피값이 너무 비싸다는 이들도 있고요. 실제로 한국에서 스타벅스 아메리카노 한 잔을 사 먹으면 200원 조금 넘는 돈이 미국 본사에 로열티로 보내집니다. 미국 본사가 한국에 첫 매장을 연 이후 18년 동안 스타벅스 코리아로부터 벌어들인 금액만 약 3천7백억 원입니다. 다만 그사이 한국에서 많은 사람들이 스타벅스에서 일자리를 얻었고 한국 기업인 신세계 역시 이익을 많이 거뒀죠.

한편으로 스타벅스 커피값에 대해서도 다른 시각이 존재합니다. 스타벅스가 처음 한국에 들어왔을 때 논란이 꽤 있었는데요. 4100원짜리 톨사이즈 아메리카노를 매일 마신다고 생각하면 1년에 커피값으로만 150만 원 가까이 쓰는 셈입니다. 그래서인지 어느 시사 프로그램에서는 스타벅스가 한국에 들어와서 폭리를 취한다거나, 한국의 스타벅스 커피값이 다른 나라에 비해 터무니없이 비싸다는 얘기도 나왔었죠. 하지만 생각해보면 담배나 소주, 맥주도 비슷한 가격입니다. 커피 한 잔이 주는 가치가 술·담배의 그것보다 덜하다고 볼 수도 없겠죠.

스타벅스의 탄생, 달라진 커피 문화

그렇다면 스타벅스는 처음에 어떻게 만들어졌을까요? 스타벅스의 시초는 1971년, 시애틀로 거슬러 올라갑니다. 1971년 시애틀에 처음

생긴 스타벅스는 제리 볼드윈Jerry Baldwin, 지브 시글Zev Siegl, 고든 보커 Gordon Bowker라는 세 명의 동업자가 운영하는 커피 원두 소매점이었습니다. 이 세 사람은 유럽식 커피 로스팅 기법을 배운 사람들이었고, 당시 스타벅스는 커피 애호가들의 입맛에 맞는 커피와 커피 추출기 등을 파는 소매점에 불과했죠. 훗날 프랜차이즈로 확장했어도 매장이 세 곳에 지나지 않았고요. 그런데 1981년, 스웨덴의 가정용품 제조회사인 해마플라스트Hammarplast의 미국 지사 부사장까지 올랐던 영업맨, 하워드 슐츠Howard Schultz가 스타벅스에 관심을 가집니다. 시애틀의 스타벅스라는 곳에서 커피 추출기를 백화점보다 더 많이 주문한다는 걸 알았기 때문입니다. '아니, 스타벅스가 뭐길래 커피 추출기를 이렇게 많이 주문하지?' 궁금할 만했죠. 결국 하워드 슐츠는 한 번도 가본 적 없던 시애틀로 직접 날아갑니다. 그리고 스타벅스와 스타벅스의 커피에 반해버리고 말죠. 그는 결국 고민 끝에 안정된 좋은 직장을 그만두고 스타벅스 마케팅 담당자로 이직을 결심합니다.

그 후 이탈리아 밀라노에서 열린 국제 가정용품 전시회에 참가했던 슐츠는 그곳의 에스프레소 바에서 판매하는 카푸치노나 카페라테 같은 음료를 마시며 새로운 커피 문화를 경험합니다. 당시 미국은 드립식 커피가 주를 이뤘기 때문에 에스프레소를 기본으로 한 유럽의 커피가 인상적이었을 거예요. 더군다나 동네 커피숍에서 단골손님들에게 커피를 내주는 친근한 문화도 호의적으로 받아들였던 모양입니다. 슐츠는 이 같은 커피 문화를 미국에도 전하고 싶어 했는데 스타벅스 경영진의 의견은 달랐죠. 굳이 그럴 필요를 느끼지 못했던 겁니다. 결국 1985년에 하워드 슐츠는 스타벅스를 떠나 자신만의 커피 회사 '일 지오날레Il Giornale'를 차립니다.

자신이 만든 브랜드를 급성장시킨 슐츠는 1987년에 스타벅스를 380만 달러에 인수했고, 그는 곧 스타벅스 코퍼레이션의 CEO가 됩니다. 그 당시 스타벅스는 매장 여섯 개를 운영했는데, 그 후로는 미국 전역에 점포를 내면서 폭발적으로 성장합니다.

여기서 주목할 만한 점은 스타벅스가 매장을 늘리면서 커피 문화 자체가 바뀌기 시작했다는 겁니다. 앞에서 잠깐 이야기했던 것처럼 그전까지 미국의 주된 커피 문화는 드립 커피였어요. 보통 카페에서 우리 돈으로 1천 원 정도 주고 커피 한 잔을 사 마셨다고 하고요. 하지만 스타벅스에서는 에스프레소 베이스에 물을 더한 아메리카노, 그냥 우유가 아닌 스팀 밀크를 넣은 카페라테 등을 내놨습니다. 커피의 이름도 그냥 커피, 레귤러 커피, 카페오레가 아닌 이탈리아식의 아메리카노, 카페라테 같은 식으로 바꿨고 유럽의 카페 문화에서 영감을 얻어 매장도 색다르게 꾸며놓았죠. 그 대신 커피를 3천 원이 넘는 가격으로 팔았어요. 기존에 사람들이 갖고 있던 커피 가격에 대한 인식 자체를 흔들어놓은 셈입니다. 때마침 그 당시 인기리에 방영됐던 미국 드라마 〈섹스 앤드 더 시티〉의 주인공이 스타벅스의 테이크아웃 커피잔을 들고 다니는 모습이 자주 등장하면서 스타벅스는 더 인기를 끕니다. 스타벅스의 테이크아웃 잔을 들고 있는 주인공의 모습이 세련되고 멋지게 보이면서 스타벅스 커피는 일종의 '플렉스'의 상징이 됐고, 더욱 사랑받게 됩니다.

1971년 스타벅스를 창립한 세 사람. 왼쪽부터 제리 볼드윈, 고든 보커, 지브 시글. 1979년 2월에 촬영된 사진으로 현재 시애틀 산업역사박물관이 소장하고 있다.

스타벅스는 현재 6개 대륙 79개 국가 및 영토에 걸쳐 약 3만 1256개 지점을 보유하고 있습니다(2020년 5월 기준). 그만큼 전 세계 커피 시장에 미친 영향력이 클 수밖에 없습니다. 실제로도 그렇고요. 여러 매장의 커피 맛을 일정하게 유지하기 쉬운 강배전dark roasting 커피의 쓴맛이 아메리카노의 표준처럼 되었고, 사람들은 이제 커피 한 잔에 3~4천 원을 주고 사 마시는 것을 어색하게 생각하지 않죠. 한국에서도 남녀노소 할 것 없이 과거의 '다방 커피'가 아닌 아메리카노를 즐겨 마시고요. 스타벅스가 커피 가격을 한 단계 올려놓으면서 소규모 카페들도 예전보다 커피 가격을 올려 받을 수 있었습니다.

물론 스타벅스도 여느 기업과 마찬가지로 여러 가지 비판에 직면하기도 했는데요. 2014년 영국에서 3년간 12억 파운드의 매출을 올리고도 법인세를 내지 않아 파장을 일으키기도 했고, 미국과 유럽의 매장에서 아시아인 고객을 상대로 인종차별을 했다는 뉴스도 종종 들려오곤 합니다. 하지만 그럼에도 스타벅스의 영향력은 전혀 줄어들지 않고 있습니다. 세계 대부분의 나라, 웬만큼 큰 도시에서 초록색 간판에 대문자로 쓰인 'STARBUCKS'를 찾는 일은 어렵지 않습니다. 대다수 한국인이 낯선 여행지에서도 스타벅스에 가면 편안함을 느낀다고도 하는데, 한국인들만 그런 것은 아닐 겁니다.

사람들은 스타벅스에서 커피와 음식만을 소비하지 않습니다. 스타벅스 매장을 제2의 도서관, 작업실처럼 사용하기도 하고 스타벅스에서 주도하는 이벤트를 즐기기도 합니다. 시즌마다 새로 나오는 메뉴를 기다리기도 하고, 그 메뉴가 맛이 있든 없든 흥미를 느끼고 마셔보기도 합니다. 여름과 겨울 시즌 이벤트로 e-프리퀀시를 모으기도 하고 선물하기도 하며, 시리즈로 출시되는 굿즈를 모으기도 하고요. 게다가 스타벅스는 어떤 커피 전문점보다도 트렌드 파악이 빠르고 고객의 의견에 귀를 기울이면서 끊임없이 발전하고 있습니다. 이제는 단순히 커피 맛 때문이 아니라 스타벅스라는 브랜드 자체를 소비하고 향유하는지도 모르겠습니다. 스타벅스는 이미 우리에게 하나의 소비 현상이자 문화로 자리 잡아가고 있다는 말이 맞을 겁니다.

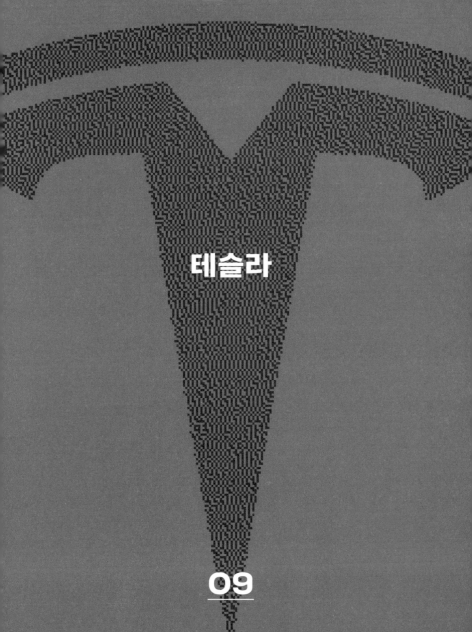

몽상가 일론 머스크, 현실을 바꾸다

테슬라

코로나19 사태로 전 세계 금융시장이 요동쳤던 2020년. 그해 주식 시장에서 가장 뜨거웠던 종목 중 하나는 나스닥에 상장된 테슬라였습니다. 국내 증시도 전기차 열풍으로 뜨거웠죠. 테슬라와 일론 머스크가 전기차로 세계의 주목을 받기 시작한 시점은 이미 10년도 더 됐습니다. 하지만 한국에서의 상황은 다소 달랐는데요. 1995년 '서울 모터쇼'에서 현대차가 콘셉트카 수준의 하이브리드(가변연료) 전기자동차 'FGV-1'을, 기아차가 하이브리드 전기차 'KEV-4'를 내세운 바 있지만, 미국 등 해외에서와 달리 국내에서는 하이브리드 자동차나 전기차의 판매 실적이 신통치 않았기 때문일 겁니다. 과거에는 다른 나라에서도 전기차에 대한 시장의 반응이 그리 호의적이지만은 않았는데요. 환경에는 좋을지 몰라도 외형은 어딘가 어색하고 성능도 뛰어나지 않았기 때문입니다. 하지만 이러한 인식은 테슬라가 생산한 전기차가 실제 도로 위를 달리기 시작하면서 급격히 바뀌었습니다. 지금까지 수많은 이슈를 몰고 다녔고, 지금도 여전히 논란의 중심에 서 있지만 이제는 엄청난 위상을 갖게 된 기업. 세계 최고의 전기차 제조사, '테슬라Tesla' 이야기입니다.

몽상가와 혁신가 사이,
일론 머스크

세계 최대 자동차 시장인 미국에서 제일 많이 팔리는 고급 세단은 어느 브랜드의 것일까요? 흔히 사람들은 메르세데스 벤츠나 BMW를 생각하기 쉽지만 사실은 그렇지 않습니다. 중소형 세단 부문에서는 단연 테슬라가 1등이고, 대형 세단 부문에서도 테슬라가 타사와 1, 2위를 다투고 있습니다. 특히 미국 캘리포니아주에서는 이미 몇 년 전부터 어딜 가도 테슬라의 차량이 쉽게 눈에 띌 정도입니다.

한국의 상황도 달라졌습니다. 2020년 3월, 전통의 자동차 브랜드들을 제치고 수입차 판매 1위를 차지한 차종은 테슬라의 '모델 3'였습니다. '모델 Y'의 인기도 뜨거워서, 이제는 테슬라 차량을 구매하려면 한참 기다려야 합니다.

디자인으로 보나 성능으로 보나 세상에 없던 전기차를 만들어서 유명해진 이 회사에 대해 알아보려면 가장 먼저 일론 머스크 Elon Musk를 이야기해야 합니다. 일론 머스크는 항공우주 장비를 제조, 생산 및 수송하는 기업 스페이스엑스SpaceX의 회장이기도 합니다. 스페이스엑스가 세간의 우려를 딛고 로켓을 만들어 발사에 성공하고, 그 로켓이 우주로 날아간 뒤, 파손되지 않고 원래 발사된 그 자리에 다시 돌아오는 데 성공하면서 일론 머스크의 명성은 더욱 높아졌습니다. 발사된 이후 제자리로 돌아온 로켓을 재활용하면 제작비용까지 절감할 수 있습니다.

일론 머스크는 화성에 인간을 정착시키겠다는 꿈을 발표하기도 했는데요. 지구의 환경 파괴에 대비해 화성에 사람을 보낼 수 있도록 계획하고, 화성을 사람이 살 수 있는 환경으로 만들어 장기적으로는 인간을 여러 행성에 살 수 있도록 하겠다는 겁니다.

자동차로 약 5시간 걸리는 LA에서 샌프란시스코까지의 구간을 30분 안에 이동할 수 있도록 만들겠다는 '하이퍼루프Hyperloop' 프로젝트도 유명합니다. 거대한 진공 튜브를 만들고 거기에 맞는 특정 교통수단이 튜브 안을 최고 시속 1280킬로미터로 달릴 수 있게 하겠다는 발상이었죠. 일론 머스크는 이 밖에도 현재 최고 수준의 AI 기술을 가졌다고 평가받는 '오픈 AI'라는 단체를 설립하기도 했습니다. 동시에 AI가 인류를 위협할 수 있다고 경고하면서요.

사람들은 어찌 보면 허황되어 보이는 일론 머스크의 수많은 아이디어를 오랜 시간 의심 어린 시선으로 바라봐왔습니다. 하지만 그런 시선은 스페이스엑스와 테슬라가 성공한 이후부터 상당 부분 바뀌었죠. 일론 머스크라면 꿈을 현실로 만들 수도 있을 거라는 기대가 샘솟은 겁니다.

일론 머스크는 1971년, 남아프리카공화국에서 태어났습니다. 어릴 때부터 하루에 10시간가량 책을 읽는 독서광이었다고 합니다. 도서관에 있는 모든 책을 다 읽고 심지어 백과사전까지 독파할 정도였다고 하는데요. 열세 살 때는 혼자서 게임을 만들어 수백 달러를 벌어들일 정도로 천재성을 발휘했습니다. 하지만 학업 이외의 학교생활은 순탄하지 않았다고 하는데요. 학창시절 같은 학교 아이들에

2016년에 네바다주 노스 라스베가스에서 일론 머스크의 고속열차
'하이퍼루프 원'의 첫 번째 시험 운행이 공개되었다(위). 2019년 9월,
록펠러 센터에 전시된 버진 하이퍼루프 원 XP-1 테스트 포드(아래).

게 심하게 괴롭힘당했던 그는 결국 고등학교를 졸업하자마자 캐나다를 거쳐 미국으로 건너간 다음, 그곳에서 대학교를 마쳤습니다.

대학생활은 평탄했습니다. 똑똑한 학생들이 모여 있는 미국의 명문대학에서 자신의 능력을 발휘할 수 있었기 때문입니다. 대학교를 졸업할 무렵에는 인터넷, 재생에너지, 우주 관련 사업에서 무언가를 이루겠다는 나름의 목표를 세웠고, 그 이후 자신의 목표를 차례차례 성공시키면서 스스로의 능력을 증명해냅니다. 어쩌면 테슬라의 브랜드 스토리는 일론 머스크가 학업을 마칠 무렵에 세웠던 목표를 이루어가는 과정을 따라가는 여정인지도 모르겠습니다.

대학교를 졸업한 뒤, 스물네 살의 일론 머스크는 1995년에 친동생과 'Zip2'라는 회사를 창업합니다. 인터넷을 기반으로 도시 정보를 제공하는 시스템 업체였는데요. 이 사업이 성공하면서 창업 4년 만에 회사를 '컴팩Compaq Computer Corp.'에 매각해 지금 우리 돈으로 250억 원가량을 손에 쥡니다. 첫 사업의 성공 이후, 세계 최초의 인터넷 은행이라고 할 수 있는 엑스닷컴X.com을 창업합니다. 합병을 통해 훗날 페이팔Paypal이 되는 회사죠. 이 회사가 이베이eBay에 팔리면서 일론 머스크는 다시 3천 억 정도를 벌어들입니다. 일론 머스크가 이 모든 일을 이루었을 때, 그의 나이는 불과 서른한 살이었습니다.

생각해보면 일론 머스크는 사업을 시작했던 때부터 지금까지 세상에 없던 무언가를 끊임없이 만들어냈을 뿐만 아니라 기존 관행에 도전해왔다는 것을 알 수 있습니다. 엑스닷컴과 같은 최초의 인터넷 은행, 100퍼센트 전기차, 재사용이 가능한 우주선처럼 가장 보수적이라고 평가받는 은행업, 자동차 산업, 우주 산업에서 전통의 기업들을 제치고 이뤄낸 성과는 놀라웠습니다. 중요한 것은 불과 서른한 살에 억만장자가 된 일론 머스크가 훗날 전 세계를 뒤흔들 본격적인 행보는 아직 시작조차 하지 않았다는 것이죠.

테슬라의 시작,
그리고 위기

사실 일론 머스크가 테슬라의 창업자는 아닙니다. 일론 머스크가 등장하기 전의 테슬라에 대해 짚어보자면, 테슬라는 2003년 미국에서 마틴 에버하드Martin Eberhard와 마크 타페닝Mark Tarpening이 설립한 회사입니다. 에디슨의 최대 라이벌이자 전기 모터 제작의 선구자라고 불리는 비운의 발명가 니콜라 테슬라로부터 회사 이름을 따왔죠. 두 창업자는 우수한 엔지니어였지만 엄밀히 말해 사업가 유형의 사람들은 아니었습니다. 결정적으로 설립 초기에 자동차 회사를 일으킬 만한 막대한 자금력이 없었죠. 게다가 투자금을 유치하기 위해 여러 곳을 찾아다녔지만 번번이 관심을 얻는 데 실패합니다.

그러던 2004년, 드디어 일론 머스크가 등장합니다. 엑스닷컴을 매각한 뒤 큰돈을 만진 그는 공교롭게도 전기차에 관심이 있었고, 650만 달러를 투자해 테슬라의 최대주주이자 회장이 됩니다. 회장으로 취임한 뒤 일론 머스크는 '느린 차를 만들지 않겠다'라는 포부를

에디슨의 최대 라이벌이자 전기 모터 제작의 선구자로 불린 니콜라 테슬라.

밝혔는데요. 전기차는 친환경이지만 매력적이지 않고 성능도 떨어진 다는 통념이 팽배했었죠. 하지만 일론 머스크는 매끈한 디자인에 뛰어난 성능을 내는 전기차를 만들면 승산이 있겠다고 생각한 겁니다.

당시 테슬라에는 일론 머스크의 호언장담을 뒷받침할 기술력이나 생산력은 없었기 때문에 그는 거의 맨땅에 헤딩하듯 인재를 모아가며 초기 모델 생산을 지휘했습니다. 그가 내세운 고용 기준은 아주 독특했는데요. '주요 대학에서 우수한 성적을 거뒀고 투쟁심이 강하면서도 가족과 떨어져 혼자 사는 엔지니어'였습니다. 뛰어난 실력이 있으면서도 집에 자주 가지 않아도 되는 사람을 선호한 겁니다. 그래야 더 열심히 오래 일할 수 있을 테니까요. 일론 머스크는 이렇게 뽑은 인재들을 호되게 다그쳤다고 하죠. 맡은 업무를 마칠 때까지 퇴근하지 말고 사무실에서 자면서 주말에도 일하라는 것이었죠. 회사가 망하면 가족은 실컷 볼 수 있다면서요. 창업 초기에는 일론 머스크 본인도 사무실에서 먹고 자면서 일주일에 120시간씩 일했다고 합니다.

앞서 말씀드린 '매끈한 디자인에 뛰어난 성능'을 내는 전기차를 만들기 위해 테슬라가 택한 건 미국 시장의 주력 차종인 픽업트럭이나 SUV가 아니라 눈에 확 띄는 작은 스포츠카였습니다. 일단 차체가 가벼워야 배터리가 덜 필요하고 주행거리도 늘어날 거란 계산이 있었겠죠. 그러면서 테슬라는 기존 차량의 차체를 활용하고, 따로 개발한 전기차 전용 배터리가 아니라 노트북 등에 쓰이는 리튬이온 배터리 수천 개를 연결하는 방식을 선택했습니다. 전용 배터리를 새로 만드는 것에 비해 개발 기간이 짧고 비용도 적게 들었겠죠? 그렇게 회장으로 취임한 지 1년 6개월 만인 2005년, 테슬라는 시제품 제작에 성공합니다. 불과 스무 명 남짓한 직원이 밤을 새워가며 이뤄낸 성과였습니다. 그리고 영화배우 등 유명 인사들을 불러 시연 행사를 열었죠. 결과는 어떻게 됐을까요? 4초 만에 시속 100킬로미터를 돌파, 대성공이었습니다.

그런데 일이 꼬이기 시작했습니다. 노트북이나 핸드폰을 쓰다 보면 배터리가 뜨거워지곤 하죠. 리튬 이온 배터리를 연결한 테슬라 차량의 배터리도 마찬가지였습니다. 시험주행 중 열이 발생하고 배터리가 폭발한 겁니다. 테슬라는 수많은 차량을 불태우면서도 실험을 계속해나갔지만 이후에도 문제는 끊이지 않았습니다. 변속기에도 이상이 생겼고, 모터 설계에도 문제가 발생했습니다. 어쩔 수 없이 정식 차량 출시 일정은 점점 뒤로 밀렸습니다. 완전히 새로운 것을 만들어야 했으니 수많은 시행착오가 필요했을 겁니다. 물론 이러한 경험은 훗날 테슬라에 큰 자산이 됩니다.

테슬라 전기차의 출시 시점이 2006년이다, 2007년 중순이다, 하면서 계속 연기되었고, 회사는 자금난을 겪습니다. 개발비가 당초 예상보다 훨씬 늘어났기 때문입니다. 게다가 미국에서 시작된 세계 금융위기까지 겹쳤죠. 경기가 워낙 좋지 않으니 자금을 끌어오는 일도 어려울 수밖에요. 엎친 데 덮친 격이었습니다.

일론 머스크는 이 난관을 어떻게 돌파했을까요? 새로운 기술? 더욱 뛰어난 인재 영입? 아닙니다. 직원들을 '조이는' 것을 최선이라고 생각한 모양입니다. 원가를 절반으로 줄일 수 있는 부품을 만들라고 채근하고, 생각하고 더 생각하고 잠들기 전까지 생각하라고 직원들을 다그쳤습니다. 그런데 이 불가능해 보이는 일을 테슬라 직원들이 해냅니다. 몇 달을 끙끙 앓으면서 원가를 절감했고 자신들이 모아둔 돈을 내놓기까지 했죠.

이러한 해결 방식은 일론 머스크가 창업한 여러 회사들이 보이는 공통적인 특징이기도 한데요. 이렇게 무모해 보이고 저돌적인 도전이 통한 이유는 무엇이었을까요? 지금도 그렇지만 당시에도 거대 제조사들이 우위를 차지하는 자동차 산업이나, 소수의 거대 기업만이 존재하는 우주 산업에 누군가 도전한다는 것은 현실적으로 어렵습니다. 새로운 목표에 과감하게 도전하고자 하는 젊고 뛰어난 엔지니어들에게는 답답한 상황이었을 거예요. 그런데 일론 머스크가 제시하는 목표를 이루는 과정은 불가능해 보이는 가시밭길 같지만, 많은 엔지니어들에게는 전통적인 기업에서 일할 때보다 매력적인 면이 있었을 겁니다. 공룡 같은 거대 기업에서 지루하게 일하며 인생을 소모하느니, 새로운 목표나 불가능해 보이는 꿈에 도전해 판을 뒤집겠다는 사람들이 일론 머스크 곁에 남은 것이죠.

그렇다면 직원들만 이렇게 자신을 '갈아 넣으며' 일했을까요? 아닙니다. 일론 머스크 본인도 모든 것을 쏟아 부었습니다. 차도 팔고 집도 내놓고, 가족과 지인에게는 물론 이곳저곳 열심히 돈을 구하러 다녔습니다. 막 재혼한 아내의 부모님 집까지 담보를 잡힐 정도였죠. 그렇게 전용기를 타던 삶이 저가 항공을 타는 생활로 바뀌며 온갖 고

생을 하던 2008년 3월, 테슬라의 첫 모델인 '로드스터Roadster'가 출시됐습니다. 그러나 첫 모델은 대량생산이 되지 않아 수익이 나지 않았고 테슬라는 부도 직전까지 내몰립니다. 게다가 스페이스엑스마저 고전을 면치 못했죠. 설립 후 6년 동안 1, 2, 3차 로켓 발사가 모두 실패한 상태였거든요. 테슬라의 앞날도 스페이스엑스의 미래도, 일론 머스크의 도전이 계속 성공하는 것도 어려워 보이는 시간이었습니다.

하지만 반년쯤 지나 기적처럼 숨통이 트입니다. 2008년 9월, 스페이스엑스의 마지막 기회와도 같았던 4차 시험 발사가 기적처럼 성공하면서 그해 12월 23일, 나사NASA와 16억 달러짜리 계약을 맺은 겁니다. 상대적으로 값싼 로켓을 만들어 기존 우주정거장에 물자를 나르는, 일종의 우주 택배 사업이었죠. 그리고 다음 날인 크리스마스이브에 부도 직전의 테슬라도 극적으로 투자금 마련에 성공하면서 목숨을 연장합니다. 말 그대로 '크리스마스의 기적'이었죠.

테슬라를 살린 모델 S부터
미래형 디자인의 사이버트럭까지

가까스로 존폐의 위기에서 벗어난 테슬라는 다음 전기차, 첫 세단 모델의 출시 계획을 세웁니다. 이 위기를 극복할 수 있는 방법은 더 세련되고, 더 빠르고, 더 고급스러운 전기차를 대량생산하는 것밖에 없다는 사실을 일론 머스크 또한 잘 알고 있었습니다. 그리고 2009

년 3월에 공개된 테슬라 모델 S의 시제품이 성공합니다. 벤츠의 다임러가 지분 10퍼센트를 받는 대신 우리 돈으로 약 600억 원을 투자했고, 그로부터 1년 뒤에는 도요타가 600억 원가량을 투자하면서 지분 2.5퍼센트를 받기로 합니다. 같은 금액을 투자했는데 1년 사이에 이렇게 지분 차이가 날 정도로 테슬라의 위상이 빠르게 높아졌죠.

그리고 2012년, 처음의 계획보다는 다소 늦은 6월에 테슬라는 한 번 충전하면 480킬로미터를 갈 수 있고 출발 후 시속 100킬로미터까지 4.2초밖에 걸리지 않는 모델 S를 출시합니다. 모델 S는 사람들의 기대를 확신으로 바꾸는 차였습니다. 그해 연말 모터 트렌드 사상 최초로 '올해의 차'에 만장일치로 선정됐고요. 불과 몇 년 뒤 판매량에서 고급 세단의 대명사인 벤츠 S클래스를 따라잡습니다.

당시 일론 머스크는 자신이 목표 달성 시기를 너무 무리해서 잡기는 했지만 결국 말했던 건 다 지켰다며 아무렇지도 않은 듯이 말했는데요. 나중에 그 시절을 회상하며, 당시에 속으로는 자신이 쓰레기 같았고 도저히 극복할 수 없을 것 같았으며 본인의 인생은 이제 끝이라고 생각했다고 고백했습니다. 어쩌면 기적이란 포기하지 않고 모든 것을 거는 사람에게 종종 찾아오는 일인지도 모르겠습니다.

그 후 테슬라는 2015년 SUV 모델 X를 출시합니다. 위로 열리는 문, 팔콘윙도어Falcon wing doors로 유명한 모델입니다. 이 문의 구조는 옆에 차가 있을 때 좁은 문틈 사이로 카시트에 아이를 앉히는 부모들이 불편해하는 걸 보고 만들었다고 합니다. 일론 머스크 자신도 자녀 다섯 명을 둔 아버지였으니까요. 바로 다음 해에는 중소형 세단인 모델 3도 나왔습니다. 대량생산이 가능한가 하는 논쟁이 있었지만 결국 성공했죠. 2019년에 공개된 중소형 SUV인 모델 Y도 있습니다. 미국 현지에서는 2020년 3월에 출시됐고 한국에는 2021년에 출시됐는데요. SUV 열풍을 타고 가장 인기 있는 모델이 됐죠. 테슬라 차량 중에서 보급형에 해당하는 모델 3와 모델 Y가 인기를 얻으면서 회사 실적도 급격히 좋아졌습니다. 모델 S부터 모델 Y까지의 이름을 연결하면 'S3XY', SEXY가 되는데요. 의도해서 지은 이름이라고 합니다.

뿐만 아니라 2019년에 돌풍을 일으킨 사이버트럭Cybertruck도 시제품이 공개됐는데, 마치 미래에서 온 자동차 같은 디자인으로 모두를 놀라게 했죠. 이 사이버트럭은 전기 픽업트럭으로, 스테인리스 스틸과 방탄유리를 사용했다고 합니다. 시제품 행사 때 쇠구슬을 던지는 퍼포먼스를 벌였는데 유리가 깨져서 망신당하는 해프닝이 벌어졌지만 공개되는 순간 전 세계의 주목을 받았습니다. 2021년에 출시할 예정이었지만 생산 문제로 2022년에 출시하는 것으로 계획이 수정되었는데요. 지금 사이버트럭을 주문하면 2~3년을 기다려야 할 정도로 인기가 대단합니다.

그동안 이뤄낸 눈부신 성공에도 불구하고 테슬라와 일론 머스크 대한 의구심은 여전히 존재합니다. 일단 안전성 문제가 있습니다. 자율주행차가 사고를 내는 바람에 사망자가 발생하기도 했죠. 그럼에도 불구하고 일론 머스크와 테슬라, 많은 자율주행차 전문가들

2015년에 출시된 모델 X(위)와 2022년에 출시 예정인 사이버트럭(아래).
2019년에 언론에 공개된 사이버트럭은 기존의 자동차와 차별화된 각진 디자인으로
주목을 받았다. 영화 〈블레이드 러너〉에 등장하는 순찰차와 비슷한 형태이다.

은 사람이 운전할 때보다 자율주행차의 사고 발생률이 현저하게 낮을 것이라고 각을 세웁니다. 심지어 2021년 5월, 테슬라는 북미시장에 출시되는 모델 3와 모델 Y에서 자율주행차량이 주변 환경을 탐지할 때 쓰는 레이더 센서마저 제거하겠다고 발표했죠. 이에 대해서는 향후 테슬라 차량의 안전성에 문제가 생길 거라는 비판이 나오는 동시에, 독보적인 딥러닝 기술에 자신감을 얻은 테슬라가 자율주행 기술을 더 발전시키는 계기가 될 것이라는 주장도 나옵니다. 한편으로는 기존의 거대 자동차 업체들이 전기차를 제대로 만들기 시작하면 테슬라의 상승세는 금세 꺾일 거라고 예상하기도 하죠. 하지만 2021년 현재까지는 기존 제조사들의 전기차 생산 기술이 테슬라의 기술 수준에 미치지 못하고, 적어도 그동안 테슬라가 쌓은 기술적 노하우를 단기간에 따라잡기는 어려울 것이라는 분석도 있습니다.

테슬라를 둘러싼 이 모든 논란을 압도하는 건, 바로 일론 머스크 개인에 대한 비판과 비난입니다. 그가 전 세계 자동차 역사에 한획을 그은 인물인 것은 분명하지만 통통 튀는 행동을 많이 한다는 것이죠. 트위터에 올린 말 한마디로 비트코인이나 도지코인 등 가상화폐의 시가총액을 수백조 원씩 출렁거리게 하면서 전 세계 투자자들의 애간장을 태우는 것을 보면, 과거 테슬라 상장을 폐지하겠다거나 팟캐스트에 출연해 대마초를 피웠던 식의 행동은 애교로 보일 정도입니다. 오죽했으면 미국 증권거래위원회가 일론 머스크에게 트위터를 그만하라고 경고했을까요.

심지어 이런 일화도 있습니다. 영화 〈아이언 맨〉의 토니 스타

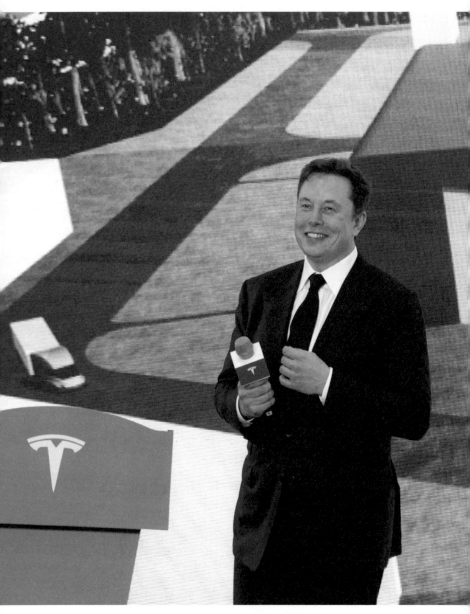

2020년 중국 상하이 기가 팩토리에서 열린
테슬라 차이나 메이드 모델 3 인도식에서 연설 중인 일론 머스크.

크의 비서 '페퍼포츠'처럼, 일론 머스크에게도 그의 분신 같은 '미스 브라운'이라는 비서가 있었습니다. 일주일에 120시간을 일하는 일론 머스크 옆에서 그의 일정을 조절하고 사람들과 소통하면서 회사가 원활하게 돌아가게 했죠. 어느 날 이 비서가 대우를 좀 더 높여달라고 하자 일론 머스크는 그녀에게 2주간 휴가를 다녀오라고 합니다. 당신이 없으면 어떻게 되는지 보겠다고 하면서요. 비서가 휴가를 다녀오자 이렇게 말합니다. "제가 해보니까 혼자 해도 될 것 같아요." 그리고 그녀를 해고해버리죠. 밤낮없이 일한 직원들에게도 종종 이와 비슷하게 대우해서 이것 역시 논란거리가 되었습니다.

또한 워낙 테슬라에 미치는 일론 머스크의 영향력이 크다보니 그가 없는 테슬라를 걱정하는 이들도 있습니다. 그가 쓰러지기라도 하면 테슬라가 지금과 같은 혁신적인 행보를 계속 보일 수 있을까 우려하는 것이죠. 여러 가지 심각한 논란에도 불구하고 부인할 수 없는 사실은, 일론 머스크가 이뤄낸 일들이 세상을 바꾸고 있다는 겁니다. 가장 역사가 오래되고 보수적이며 규제가 강한 산업인 자동차·우주·금융 업계에서 성공을 이룬 것은 테슬라가 아니라 일론 머스크라고 해야 하지 않을까요? 그전까지 꿈쩍하지 않던 다른 기업들이 변화와 혁신을 도모하기 시작했기 때문이죠.

아마 전기차가 더 늘어나면 자동차 업계와 그와 관련된 산업은 크게 바뀔 겁니다. 벌써부터 그런 변화의 조짐이 보이기도 하고요. 단순히 자동차 업계만 생각한다고 하더라도 전기차는 차량 엔진 오일, 미션 오일 등을 교체할 필요가 없고, 부품 개수도 현저하게 적

중국 상하이에 세운 테슬라 공장. 공장을 건설하고
조립 라인을 현대화해서 작업량을 늘리고 작업 속도를 높이고 있다.

기 때문에 기존의 자동차와 관련한 여러 업체로서는 혁신하지 않으면 생존이 불가능할 겁니다. 이에 따라 기존의 생산, 정비, 판매 같은 일자리도 상당한 변화를 겪을 테죠. 그것이 장밋빛일지 잿빛일지는 지금으로서는 알 수 없지만, 테슬라와 일론 머스크가 멀리 있다고 생각했던 미래를 좀 더 가까이 앞당겨놓은 것은 분명합니다.

최근 일론 머스크는 인간 형태의 로봇을 만들겠다는 계획을 내놓았습니다. 이번 계획은 달성이 불가능할 것이라며 비웃는 사람도 있습니다. 반면에, 일론 머스크는 결국 자신의 뜻을 이룰 것이고 영화 〈터미네이터〉에서 보는 것 같은 세상이 현실에서 이뤄질 것이라고 우려하거나 기대하는 목소리도 나옵니다.

테슬라와 일론 머스크는 앞으로 어떠한 일들을 세상에 보여줄까요? 앞으로도 보통 사람이 머릿속으로만 상상했던 것들을 실현해왔던 행보를 이어갈 수 있을까요? 전 세계가 테슬라와 일론 머스크에 주목해온 이유는 여러 가지일 겁니다. 다만 분명한 것은 세상이 바뀌고 있다는 것을, 테슬라와 일론 머스크가 우리에게 끊임없이 상기시킨다는 점입니다. 호불호와 상관없이 우리 모두가 겪을 수밖에 없는 변화 말입니다.

천재의 집착,
새로운 시대를 열다

애플

10

여러분은 혹시 어떤 브랜드 제품을 사기 위해 줄을 서본 적이 있나요? 아니면 이 물건만큼은 '반드시 이 회사 제품만 쓴다!'라고 할 만큼 확고하게 신뢰하는 브랜드가 있나요? 이 두 가지 질문 모두에 '예'라고 답한 사람이 가장 많을 것 같은 브랜드를 꼽으라면 바로 이것일 겁니다. 휴대폰뿐만 아니라 PC, 노트북, 뮤직 플레이어, 태블릿에서부터 이어폰, 헤드폰, 시계, 음원 등에 이르기까지 이 기업은 명실공히 세상을 바꿔놓았습니다. 가장 아름답고 특별하며, 훌륭한 제품을 만들었다고 평가받는, 현재 전 세계에서 시가총액과 브랜드 가치가 가장 높은 기업, '애플Apple' 입니다.

　애플의 창업자 스티브 잡스는 일반 대중에게도 워낙 유명하죠? 뉴발란스 운동화를 신고 청바지와 검은색 터틀넥 입기를 고수하는 특유의 패션까지도 말입니다. 잡스는 본인 자체가 뛰어난 인물이지만 애플을 창업하고 성공을 거뒀다가 실패하고, 재기한 뒤 죽음에 이르기까지 그의 곁에는 특별한 인연들이 있었습니다. 그리고 결정적으로 잡스가 알아보지 못해 잡스 개인뿐만 아니라 인류에게도 큰 손실이 되어버린 인연도 있고요. 이번 애플 편은 잡스의 지난 삶과 함께 그를 둘러싼 중요한 인물들을 이야기해보도록 하겠습니다.

애플의 시작,
인연 그리고 인연

스티브 잡스의 가장 특별한 인연은 그의 양부모입니다. 잡스는 1955년에 시리아 출신의 친부와 대학원생 친모 사이에서 태어났지만 얼마 지나지 않아 보호시설에 맡겨집니다. 원래 한 변호사 부부에게 입양될 뻔했던 잡스는, 이들이 갑자기 딸을 원한다는 바람에 다른 입양 부모를 만나게 되는데요. 잡스를 입양한 폴과 클라라 잡스 부부는 정성을 다해 아이를 키웠고, 아이에게 아주 중요한 두 가지를 물려줍니다.

첫 번째는 '너는 특별한 존재'라는 인식입니다. 어느 날 동네 꼬마가 잡스에게 '그럼 너희 친부모는 널 버린 거야?'라고 물었대요. 충격받은 잡스가 울면서 집으로 돌아와 정말 그런 거냐고 물었을 때, 잡스 부부는 아이의 눈을 똑바로 보면서 아주 여러 번 반복해서 말했다고 합니다. "아니, 우리가 특별하게 널 선택한 거야"라고요. 두 번째는 장인정신입니다. 기계공이었던 폴 잡스는 물건의 보이지 않는 부분, 이를테면 캐비닛의 안쪽 혹은 펜스의 뒷부분까지 꼼꼼하게 만드는 사람이었습니다. 그리고 그걸 아들에게 가르쳤고요. 스티브 잡스는 어려서부터 장인의 모습을 보며 자란 것이죠. 모두 알다시피 애플 제품의 가장 큰 경쟁력 중 하나가 만듦새입니다. 외관뿐만 아니라 내부까지도 아름답고 모든 부분이 세심하게 마감되어 있죠. 그 근간에는 부친의 이런 교육이 큰 영향을 미쳤다고 할 수 있습니다. 그런 아버지의 이름을 물려받은 스티브 잡스Steven Paul Jobs는 훗날 자신의 외아들 리드Reed Paul Jobs에게도 그 이름을 물려줍니다.

여러분은 혹시 인류 역사상 가장 유명한 세 개의 사과가 뭔지 알고 있나요? 첫 번째는 프랑스의 인상파 화가 폴 세잔의 사과입니다. 두 번째는 만유인력을 발견한 뉴턴의 사과죠. 마지막이 바로 새로운 시대를 열었다고 평가받는 애플의 사과입니다. 그런데 이 애플이라는 회사는 어떻게 만들어진 걸까요?

여기에서 두 번째 인연이 등장합니다. 스티브 잡스의 고등학교 5년 선배이자 1976년에 애플을 공동 창업한 천재, 스티브 워즈니악Steve Wozniak입니다. 당시만 해도 컴퓨터라고 하면 커다란 산업용 전자기기로 생각하던 때였습니다. 그는 그런 시절에 혼자 직접 납땜질을 하고 소프트웨어를 짜서 개인용 컴퓨터를 만든 인물입니다. 다만 워즈니악은 컴퓨터를 만들기만 했지 이걸 판매할 생각은 못 했는데요. 그런 그를 스티브 잡스가 알아봤고, 제작에만 몰두하던 워즈니악에게 같이 회사를 만들자고 제안합니다. 간혹 이 사실 때문에 스티브 잡스가 애플을 만든 게 아니라며 의문을 표하는 사람도 있습니다. 하지만 훗날 워즈니악은 컴퓨터는 자신이 만든 것이 맞지만 잡스가 없었으면 제품을 팔 수도, 지금의 애플도 없었을 거라고 인정했죠. 자기는 엔지니어가 되는 것이 꿈이었지만 잡스는 상류사회에 진입하고자 하는 욕심이 있었다고 말했습니다. 초기 사업 자금도 잡스가 더 많이 냈다고 알려져 있고요. 잡스는 본인이 타고 다니던 차를 팔아서 돈을 마련했다고 합니다. 애플이라는 브랜드명이 어떻게 탄생했는지에 대해서는 여러 설이 있는데요. 독이 든 사과를 먹고 목숨을 끊은 앨런 튜링을 기리기 위해서라는 이야기가 있지만, 스티브 잡스의 전기를 쓴 월터 아이작슨이 직접 잡스에게 물어본 바에 따르면 사실은 이랬습니다. 회사 이름을 지을 당시 스티브 잡스가 완전 채식을 고수했다는데요. 특히 과일만 먹었다고 하죠. 잡스가 사과 농장에 다녀오는 길에 회사 이름을 무엇으로 지을지 얘기하다가 애플이 됐다고 합니다. 다만 초기 브랜드의 로고 디자인은 지금보다 복잡했고, 지금의 형태로 로고가 단순하게 바뀐 것은 애플2 출시 즈음이었습니다.

그렇게 시작한 애플은 1976년에 워즈니악이 제작을 맡고, 잡스가 영업을 맡은 반제품 형태의 컴퓨터 '애플 1', 1977년에 모니터와 키보드, 본체를 모두 갖춘 완성형 컴퓨터 '애플 2'가 출시되면서 개인용 컴퓨터 브랜드로 우뚝 섭니다. 요즘은 많은 사람이 컴퓨터를 소유하지만 예전에는 달랐습니다. 컴퓨터가 세상에 나왔을 때만 해도 이 기기는 산업용으로 쓰였기 때문에 몇몇 기업이나 소수의 엔지니어 위주로 컴퓨터를 사용했죠. 가격도 엄청나게 비쌌고요. 그런데 '애플 2'가 출시되면서 컴퓨터 소비의 흐름이 바뀌었습니다. 드디어 산업용이 아닌 개인용 컴퓨터, PC Personal Computer의 시대가 활짝 열렸습니다.

이후 애플은 애플 2를 출시하고 약 3년 뒤에 주식시장에 상장됩니다. PC의 시대를 연 애플의 창업자, 스물다섯 살의 스티브 잡스는 이 일로 얼마를 벌었을까요? 이때 잡스의 자산 평가액은 2억5천6백만 달러, 현재 가치로는 한화 약 1조 원에 달하는 액수입니다.

참고로 잡스가 세상을 떠날 당시 그의 재산은 약 9조 원이었

1976년에 스티브 잡스(위 오른쪽)는 워즈니악(위 왼쪽)과 애플을 공동 창업했다.

습니다. 현재 잡스의 아내 로렌 파월 잡스의 재산은 지분가치가 증가하면서 약 40조 원이라고 합니다. 그녀는 2020년 10월 《블룸버그》 기준으로 세계 부자 36위에 올랐습니다. 아무튼 잡스는 애플의 상징으로 20대에 이미 억만장자가 됐습니다.

그런데 삶을 돌이켜보면 나에게 잘해주는 사람만 특별한 인연인가요? 꼭 그렇지는 않죠. 그 당시엔 둘도 없는 악연, 더없이 나쁜 일이라고 생각했지만 세월이 지나고 나면 오히려 기회였고 행운이었던 경우도 있습니다. 지금 소개할 잡스의 세 번째 인연이 그렇습니다.

1983년, 애플이라는 브랜드는 승승장구했지만 스티브 잡스는 자신이 너무 어리고 경험도 부족하며 성격도 특이하다고 생각했습니다. 당시 공룡 기업 IBM 같은 경쟁자의 추격은 거셌고요. 회사 안팎으로 위기라는 생각을 한 것이죠. 잠깐 다른 얘기지만 잡스의 성격이 얼마나 특이했냐면, 본인은 채식을 하니까 몸에 냄새가 나지 않는다며 잘 씻지 않는 것은 기본이고, 명상이나 선(禪)을 한다면서 맨발로 다니기도 했습니다. 그러다 스트레스받는다며 그 발을 변기 물에 담그기도 했고요. 거기에서 그치지 않고 종종 불같이 화를 내거나, 직원들을 몹쓸 놈이라고 욕하거나 쓰레기 같은 아이디어를 냈다며 무시하는 것도 일상다반사였습니다.

스티브 잡스 본인도 결국 경험이 풍부한 CEO를 영입해야겠다고 생각해 펩시의 사장 존 스컬리를 애플 CEO로 영입합니다. 이직을 주저하는 스컬리에게 잡스가 했다는 얘기는 유명하죠. "평생 설탕물만 팔면서 인생을 허비할래요? 아니면 세상을 바꿀 기회를 잡을래

스티브 잡스(왼쪽)와 펩시 출신의 존 스컬리(오른쪽).

요?" 그렇게 새 CEO 스컬리를 영입한 뒤, 글자만 있는 컴퓨터 세상에 직관적인 그림 아이콘과 세련된 디자인으로 유명한 '매킨토시'를 내놓으면서 애플과 잡스는 더 큰 성공을 거둡니다. 하지만 이 성공이 오래가지는 않죠.

매킨토시는 지금의 애플 제품들과 마찬가지로 확장성이 몹시 떨어졌기 때문에 그래픽을 기반으로 창조한 애플의 우아함을 구현하기에는 무리가 있었습니다. 그사이 마이크로소프트와 같은 경쟁자들은 잡스의 말처럼 '완성도는 조악했을지' 몰라도 나름대로 발전한 제품을 내놓으며 무서운 속도로 애플을 뒤쫓아오기 시작했죠. 게다가 앞서 말씀드린 IBM도 뒤를 바짝 따라왔고요. 결국 매킨토시의 판매량은 점점 줄어들었고, 회사에 위기감은 확산됐지만 스티브 잡스의 기행은 계속되면서 1985년에 잡스는 애플에서 쫓겨나고 맙니다. CEO 스컬리가 주도한 일이었습니다. 그때 잡스의 나이는 서른이었죠. 화려한 20대를 보냈지만 30대에 접어들자마자 자신이 영입한 CEO에 의해 자신이 세운 회사에서 나와야만 했던 겁니다. 이렇게만 보면 악연 중의 악연이라고 할 텐데요. 하지만 훗날 스티브 잡스는 이렇게 말했습니다.

"결과적으로 애플에서 쫓겨난 것이 저한테는 최고의 일이었습니다."

애플에서 쫓겨난 것이
기회가 되다

애플에서 쫓겨난 잡스는 방황하다가 다시 사업을 시작합니다. 전문가용 컴퓨터, 일종의 워크스테이션과 그걸 위한 소프트웨어를 개발하는 회사 '넥스트NeXT'를 창업했습니다. 비슷한 시기에 그래픽 관련 회사도 인수했는데요. 잡스는 애플에 있던 시절에 〈스타워즈〉 시리즈를 만든 조지 루커스의 목장에 놀러 간 적이 있었는데, 거기에서 루커스 필름의 컴퓨터 부문 인수를 제안받았습니다. 당시 조지 루커스가 이혼 소송 때문에 돈이 필요했고, 그 방편으로 회사의 컴퓨터 부문을 떼어서 팔려고 했죠. 그 회사는 영화 촬영 장면을 디지털화하고, 디지털화한 장면에 그래픽을 입히는 장비와 소프트웨어를 만들고, 또 그런 기술을 활용해서 부업으로 단편 애니메이션을 만드는 기업 '픽사Pixar'였어요. 원래부터 그래픽에 관심이 많았던 잡스가 이 회사를 사들이기로 합니다. 이때만 해도 애플에서 번 돈이 있었으니까 자금은 넉넉했죠. 애플에서 산업용 컴퓨터를 일반 가정에 보급했던 것과 마찬가지로 그래픽용 컴퓨터를 전문가가 아닌 일반 대중에 팔면 돈이 될 것 같다고 느꼈을 겁니다.

그 대단한 잡스가 창업하고 인수한 넥스트와 픽사가 바로 승승장구했을까요? 그렇지 않습니다. 넥스트는 계속 손실을 냈고, 픽사는 더 죽을 쒔어요. 애플에서 번 돈의 절반 이상을 픽사에 쏟아부었는데도 잘 풀리지 않았어요. 세간에는 이제 잡스가 애플에서와 같은 성공을 이루지 못할 거라는 얘기도 떠돌았습니다.

그렇게 보낸 세월이 무려 10년입니다. 결국 잡스는 20대에 크게 성공했지만, 서른에 자신의 회사에서 쫓겨나 10년 동안은 성과를 내지 못한 채 마흔이 된 거죠. 그런데 잡스의 인생이 맥없이 저무는구나 싶던 1995년, 40대에 접어든 그는 지난 5년 내내 적자였던 픽사를 주식시장에 상장하려고 합니다. 상식적으로 생각해보면 잘되고 있거나, 잘될 것 같은 회사를 주식시장에 상장해야 회사도 커지고 최대 주주도 돈을 벌 텐데요. 하지만 당시 픽사는 계속 적자였어요. 이상하지 않나요? 사실 잡스에겐 비장의 카드가 있었습니다. 그것은 바로 픽사의 첫 장편 애니메이션 〈토이 스토리〉였어요.

1995년 11월에 개봉한 〈토이 스토리〉는 개봉 즉시 엄청난 이익을 거두기 시작합니다. 전 세계적으로 3억6천2백만 달러를 벌어들이면서 그해 최고 수익을 낸 영화로 기록됐습니다. 〈토이 스토리〉 개봉 일주일 뒤에 픽사가 상장했고, 상장 첫날에만 주가가 2배 가까이 상승합니다. 〈토이 스토리〉가 흥행 가도를 달리면서 픽사도 덩달아 인기를 끕니다. 덕분에 픽사 지분 80퍼센트를 가지고 있던 잡스의 자산 평가액도 12억 달러까지 오르죠. 애플이 처음 상장할 당시 2억6천만 달러였으니 수치로 따지자면 약 5배 정도 되지요. 참고로 훗날 디즈니가 픽사를 인수하면서 잡스는 디즈니의 최대 주주가 되기도 했죠. 이 일로 인해서 잡스는 그 업계에서 최고라는 애플과 픽사를 동시에 성공시킨 전설적인 CEO가 됩니다.

재미있는 것은 잡스가 정작 픽사 애니메이션이 이렇게 성공하

1999년에 애플의 CEO 대행인 스티브 잡스는 세이볼드 출판 컨퍼런스에서
새로운 애플 G4 컴퓨터를 공개했다. 잡스가 영화 〈토이스토리〉의 캐릭터인
버즈 라이트이어를 이용한 렌더링 시연으로 새 컴퓨터의 위력을 보여주고 있다.

고, 큰돈을 벌어들일 거라고는 전혀 예상하지 못했다는 점입니다. 애니메이션을 좋아했던 잡스는 픽사의 단편이 하나 만들어지면 그저 그것에 위안을 얻고 만족했다고 합니다. 애니메이션은 자기 만족을 위한 것이었고, 실사를 디지털화해서 그래픽을 입히는 장비와 소프트웨어가 돈이 될 거라고 생각했죠. 예상과 달리 픽사의 기나긴 적자 행진을 멈추고 큰 성과를 거둔 것이 애니메이션 분야였다는 걸 생각해보면 인생이란 참 앞을 알 수 없고, 어떻게 풀려나갈지도 모릅니다. 훗날 잡스는 진작 알았으면 처음부터 애니메이션에 집중해서 투자했을 거라고 말하기도 했어요. 〈토이 스토리〉의 성공은 10년간 웅크려 있던 잡스의 부활을 알리는 화려한 신호탄이었습니다.

다시 애플로

이제 본편이 시작됩니다. 잡스가 〈토이 스토리〉로 대박을 터트린 1995년, 애플의 상황은 어땠을까요? 마이크로소프트에서 운영체제 윈도95가 나오면서 애플은 영 힘을 못 쓰고 있었습니다. 1980년대에 한때 16퍼센트까지 치솟았던 애플의 시장 점유율은 4퍼센트까지 내려갑니다. 그렇게 잡스가 떠나고 추락을 거듭하던 애플은 새로운 운영체제를 내놓으면서 반등을 시도했는데 이 운영체제에 문제가 생기고 맙니다. 결국 이것을 해결하고 새로운 운영체제를 만들 수 있는 업체를 인수하려고 했는데, 그게 바로 잡스의 회사 넥스트였습니다. 잡스가 다시 애플로 돌아오게 된 것이죠. 애플에서 쫓겨난 지 11년 만이었습니다.

1997년에 잡스가 iCEO(여기서 'i'는 임시interim를 뜻합니다)로 애플에 돌아왔을 때, 애플은 그야말로 엉망진창이었습니다. 파산까지 석 달 정도 버틸 여력이 남아 있었죠. 심지어 애플을 매각하려고 했지만 인수하려는 회사가 없어서 무산될 정도였으니까요. 한 해 적자가 10억 달러를 넘었습니다. 잡스는 애플을 다시 살리기 위해 무려 3천 명 이상을 해고하는, 뼈를 깎는 구조조정을 단행했고, 쓸데없는 제품을 쳐냅니다. 그리고 이 시기에 잡스는 훗날 애플을 이끄는 두 명의 장수를 만나는데요. 그중 한 사람이 잡스의 네 번째 특별한 인연이자 잡스의 절대적 신임을 받았던 디자인 책임자 조너선 아이브 Jonathan Ive입니다.

소재부터 기능까지 소비자의 경험 그 자체를 디자인한다는 조너선 아이브는 잡스가 복귀할 때 고작 30대 초반이었습니다. 두 사람이 본격적으로 공동으로 작업해서 1998년에 처음 내놓은 PC가 '아이맥'입니다. 반투명 플라스틱 외장 덮개로 내부가 모두 들여다보이는, 새로운 감각의 디자인이 독특했죠. 처음 이 제품이 공개됐을 때 반응은 회의적이었습니다. '특이한 건 색깔밖에 없다' '잘 안 팔릴 거다'라는 식의 부정적인 평가가 주를 이뤘죠. 하지만 아이맥은 출시 첫해에만 80만 대가 팔리면서 애플 역사상 가장 빨리, 그리고 많이 팔린 PC 제품이라는 기록을 세웁니다. 아이맥 구매자의 32퍼센트가 컴퓨터를 처음 산 사람이었다는 통계는 이 제품이 당시 얼마나 매력

1998년에 출시된 최초의 아이맥 G3(위). 반투명 플라스틱 케이스의
독특한 디자인이 판매량 상승에 큰 역할을 했다. 아이맥 G3는 한국의
LG전자에서 생산을 맡기도 했다. 뮤직플레이어 시장을 선도한
애플의 아이팟(아래)은 아이폰 출시 이후 판매가 지속적으로 감소했고
결국 애플 주력 상품의 지위를 아이폰에 내주었다.

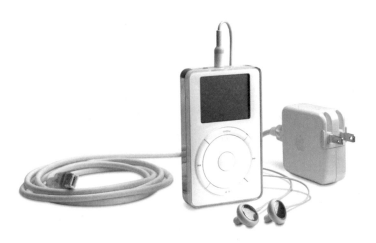

적이었는지를 방증합니다.

"디자인을 포장이라고 생각하지 마라. 단순한 외양, 껍질이 아니라 그 제품의 본질을 나타내는 핵심이다." 잡스의 유명한 말 중 하나죠. 잡스와 아이브 시대의 애플은 디자인을 우선으로 하고 거기에 기능을 맞춰가는 식이었어요. 그가 디자인을 얼마나 중요하게 생각하는지 잘 알 수 있는 지점입니다. 사실 이러한 가치관 때문에 잡스는 엔지니어들의 반발을 사기도 했습니다. 새로운 형태의 디자인을 가지고 오면 엔지니어들은 '이게 어떻게 가능해? 이걸 어떻게 만들란 말이야?' 같은 태도를 보였죠. 그러면 잡스는 '내가 CEO고, 내가 할 수 있다고 생각하니까 하면 된다'라는 식으로 직원들을 압박했고요. 그런데 이렇게 만든 제품이 계속 잘 팔리니까 직원들도 결국 잡스의 방향을 인정할 수밖에 없었죠. 이후에도 잡스는 조너선 아이브와 함께 PC, 맥북, 아이팟, 아이폰, 아이패드 등을 만들어내면서 애플을 디자인 중심의 회사, 포장까지 아름답고 세심하게 잘 만드는 회사로 다시 일으켜 세웁니다.

아이맥의 성공 이후 애플을 이끈 제품은 아이팟이었습니다. 2001년, 애플은 가장 단순하고 아름다운 뮤직플레이어라고 평가받는 제품, 아이팟을 공개합니다. 이전에 다른 기업들도 이런 시도를 종종 해왔지만 잡스만 남들과 다르게 여러 음반 제작자, 뮤지션과 지속해서 소통해왔어요. 그런 교류를 바탕으로 사람들을 설득해 아이튠즈 스토어를 개설합니다. 그간의 행보와 달리 윈도용 아이튠즈도 내놓았고요. 아이튠즈는 출시 6일 만에 100만 곡을 팔았고, 3년이 지나

지 않아 10억 번째 곡을 판매하는 기염을 토합니다. 아이튠즈는 애플의 매출에 큰 도움이 되었을 뿐만 아니라 MP3가 나오고 불법 복제로 인해 무너져가던 음반 산업을 새로운 차원으로 살려놓았다고 평가받았습니다. 이로 인해 아이팟도 날개를 단 것은 물론입니다. 당시 한 해에 수천만 대가 팔리면서 아이팟 매출이 애플 전체 매출의 약 절반 가까이 차지했죠.

아직 제일 중요한 하나가 남았습니다. 바로 아이폰입니다. 잡스는 휴대폰에 카메라 기능이 생기면서 카메라 업체가 맥을 못 추는 현상을 지켜봤습니다. 동시에 뮤직플레이어를 휴대폰에 담을 수 있게 되면 아이팟도 한순간에 쓸모없어질 거라고 예상합니다. 처음에는 모토로라 같은 기존의 휴대폰 제작사와 협업해서 아이팟의 기능을 휴대폰에 심는 작업을 시도했습니다. 그런데 나온 결과물이 영 마음에 들지 않았죠. 잡스는 이렇게 만든 휴대폰을 두고 "말만 스마트폰이지 전혀 스마트하지 않다. 게다가 모양이 아름답지도 않다"라고 말하기도 했습니다. 결국 직접 휴대폰을 만들기로 합니다. 그리고 어떻게 됐나요? 과거 애플이 PC를 통해 대중에 컴퓨터 시대를 열었듯이 애플은 다시 한번 스마트폰의 세상을 열고 모바일의 시대를 만들어냅니다. 2007년의 일입니다.

아이폰이 출시 10년 만에 전 세계 판매량 12억 대를 돌파하면서, 애플은 매출 800조 원 이상을 거둡니다. 아이폰이 출시되면서 휴대폰 업계에도 많은 변화가 일어납니다. 아이폰과 같은 형태의 스마트폰을 제대로 만드는 업체는 살아남았지만 그렇지 못한 업체는 없어지거나, 과거의 위상을 잃었습니다.

　꼭 휴대폰 제조사뿐만 아니라 그와 관련된 기술도 마찬가지였습니다. 이후에 다룰 기업인 카카오가 대표적인데요. 카카오의 김범수 창업자가 미국에 있을 때, 아이폰이 출시되는 것을 보고 큰 충격을 받았고, 동시에 이제 세상이 모바일 시대로 바뀔 것을 직감했다고 합니다. 그래서 한국으로 돌아와 개발한 것이 바로 카카오톡입니다. 이렇게 새로운 응용소프트웨어를 개발하거나 스마트폰 시대에 맞춰 발 빠르게 대응한 기업은 살아남고, 이에 적응하지 못한 기업은 도태되거나 없어져버렸습니다. 다들 알다시피 이런 기업뿐만 아니라 사람들의 삶도 완전히 바뀌었죠.

　그리고 지금의 애플을 만든 또 한 명의 핵심 인물이 있습니다. 잡스와 아이브에게서 나오는 혁신적인 아이디어를 제품화하고, 양산에 성공하고, 판매까지 이어지도록 관리했던 잡스의 후계자이자 관리의 귀재라 불리는, 현재 애플 CEO인 팀 쿡Tim Cook입니다. 잡스가 애플에 복귀한 뒤에 얻은 다섯 번째 특별한 인연입니다. 잡스의 천재성, 조너선 아이브의 뛰어난 디자인, 팀 쿡의 탁월한 조직 운영. 이제 다시는 볼 수 없는, 그야말로 완벽에 가까운 시절의 애플이 아니었을까요?

　하지만 이 완벽한 체제는 그리 오래가지 않았습니다. 천하의 잡스도 자신을 지나가는 모든 특별한 인연을 알아보지 못했기 때문인데요. 과거에 자신을 치료한 적이 있는 의사가 대표적인 인물입니다. 잡스는 2003년에 그 의사를 다시 만나 권유받은 대로 CT 촬영을 했고, 그 결과 췌장에 종양이 있는 것을 발견합니다. 암이었습니다.

2010년에 아이폰4의 전파 수신 문제로 홍역을 치른 뒤
애플의 스티브 잡스(오른쪽)와 팀 쿡(왼쪽)은 기자간담회를 열었다.

암은 다행히 조기에 발견되었고 잡스는 수술을 권유받습니다. 아내와 친구들도 모두 수술을 하라고 했고요. 하지만 잡스는 이들의 조언을 모두 흘려버립니다. 그 대신 자신이 과거부터 집중해왔던 엄격한 채식, 식이요법과 민간요법, 심령술까지 써보기로 합니다.

그렇게 9개월이 흐릅니다. 다시 촬영해보니 암 덩어리는 더 커졌고, 암이 간 세 군데로 전이됐습니다. 뒤늦게 현대의학의 힘을 빌리고 식습관도 바꿨지만 너무 늦어버렸죠. 그 후 잡스는 장기간 투병 생활을 거치며 여러 차례 수술과 항암치료를 받습니다. 그런 와중에도 아이패드를 내놓았고, 애플을 지휘하며 버텼지만 결국 2011년 10월 5일에 세상을 떠났습니다. 사실 그 이전부터 언론에 비친 그의 수척한 모습에는 이미 죽음의 그림자가 잔뜩 드리워져 있었죠. 죽기 전 그는 병상에서 2010년에 있을 아들 리드의 고등학교 졸업식에 꼭 참석하고 싶다고 신에게 간청했다고 하는데요. 어쩌면 그런 소망이 없었다면 그의 죽음은 더 앞당겨졌을지도 모르겠습니다. 그리고 잡스가 사망하기 바로 하루 전날 발표된 아이폰4S는 잡스 생전에 애플이 공개한 마지막 제품이 되었습니다.

친부모와 헤어졌지만 양부모에게 사랑받고 자란 잡스는 20대에 워즈니악을 만났습니다. 30대에는 반려자, 그리고 훗날 애플로의 복귀를 가능하게 했던 넥스트와 픽사의 동료들이 있었죠. 40대에는 애플로 돌아와 팀 쿡과 조너선 아이브와 같은 귀한 인연을 만났습니다. 이 특별한 사람들 덕분에 세상을 바꾸고 새로운 시대를 만들어냈죠. 하지만 정작 자신의 생명을 연장해줄 수 있는 사람의 도움은 피해 가고 말았습니다.

잡스가 사망한 이후 전 세계에서 추모가 이어졌습니다. 사람들에게 스티브 잡스는 한 명의 성공한 기업인을 넘어, 한 시대를 상징하는 아이콘 같은 존재였습니다. 스마트폰이 없는 세상, PC가 없는 세상을 이제 상상이나 할 수 있나요? 스티브 잡스가 인류에 미친 영향이 얼마나 대단한지는 말로 다 설명할 수 없을 정도입니다.

잡스의 뒤를 이어 애플의 키를 잡은 팀 쿡은 주변의 우려와 부정적인 예상, 근본적인 혁신이 없다는 비판에도 불구하고 10년 넘게 애플을 성공적으로 이끌어가고 있습니다. 팀 쿡 시대에 내놓은 애플 워치는 롤렉스의 매출 규모를 뛰어넘었을 뿐만 아니라 시계 산업에 지각 변동을 일으켰습니다. 에어팟의 흥행도 놀랍습니다. 처음에는 이상하게 생겼다는 비판이 많았지만 예상과는 달리 엄청난 성공을 거두었죠. 아이튠즈, 앱 스토어 같은 애플의 서비스 부문도 계속 성장하고 있습니다. 그리고 팀 쿡 시대의 애플은 과거에 소홀하게 여겼던 협력 업체 노동자의 인권이나 환경 보호, 기부 관행에서도 큰 변화를 보여주면서, 한편으로는 과거보다 발전했다고 평가받았습니다. 무엇보다 팀 쿡의 지휘 아래 애플의 매출과 순이익은 모두 3배 넘게 상승했고요.

여기에 그치지 않고 애플이 최근 자율주행차 시장에 진출한다는 뉴스가 파장을 일으키기도 했는데요. 전 세계가 애플의 전기차를 어떤 회사가 생산할지에 대해 관심을 기울이고 있습니다. 그만큼 애플의 영향력이 잡스 사후인 지금도 대단하다는 것을 보여주는 것이겠죠.

애플은 어찌 보면 탁월한 제품을 만드는, 영속하는 기업을 만들겠다는 잡스의 꿈을 향해 여전히 달리는지도 모르겠습니다. 아마 스티브 잡스의 유명한 연설처럼, 잡스가 갈망했던 꿈을 유지하는 한, 애플의 성공 가도는 쉽게 끝나지 않을 것 같습니다.

"항상 갈망하라, 항상 우직하게Stay hungry, Stay foolish. 저는 늘 이 말을 염두에 두고 살았습니다. 이제 졸업하고 새로 출발하는 여러분도 그렇게 되길 바랍니다."

한국의 재벌
세계 일류가 되다

삼성

삼성가 사람들의 일거수일투족은 늘 화제를 불러일으킵니다. '삼성전자 이재용 부회장의 비행기 옆자리에 누가 앉았다더라, 그가 평양에서 냉면을 먹었다더라' 하는 등의 내용이 포털 사이트의 실시간 검색어 순위에 오르는 것은 물론이고, 대통령과 만나서 했던 이야기나 표정이 이슈가 되기도 합니다. 이부진 대표도 오빠 못지않게 관심의 대상이죠. 아들과 함께 슈퍼마켓에 들른 일상에서부터 패션과 메이크업 등에 대한 가십성 기사가 쏟아지기도 합니다.

그런데 '삼성가'라고 불리며 연일 언론에 오르내리는 사람들 외에도 삼성 패밀리에 속하는 사람은 많습니다. CJ, 신세계, 한솔 그룹 최대 주주 일가 역시 삼성 패밀리이고, 《중앙일보》와 JTBC 같은 중앙그룹 소유주 일가 역시 범삼성가라고 할 수 있습니다. 전 삼성물산 이서현 패션 부문 대표이사(현 삼성복지재단 이사장), CJ 이재현 회장, 이미경 부회장, 신세계 정용진 부회장, 정유경 사장, 이 사람들이 전부 삼성가 3세입니다. 대한민국 재벌은 삼성 일가와 삼성 일가가 아닌 사람들로 나뉜다는 말이 괜히 나온 것은 아닙니다. 그래서 폭넓게 퍼져 있는 삼성가를 살펴보려면 먼저 창업자 이병철 회장을 조명해보아야 합니다.

삼성의 시작
호암 이병철

'될 성싶은 나무는 떡잎부터 알아본다'라는 속담이 있습니다. 우리는 흔히 성공한 인물이라고 하면 어린 시절부터 근면 성실하고 비범할 것으로 생각하기 쉽습니다. 그런데 놀랍게도 성인이 되기 전의 이병철은 그러한 기대와는 꽤 거리가 멀었습니다. 부잣집 막내아들로 태어나서 풍족하게 살다가 1920년대에 일본에서 유학했지만, 대학 졸업장도 못 딴 채 고향으로 돌아왔고 방탕한 젊은 날을 보냈으니까요. 훗날 그 시절을 회상한 이병철 회장의 기록을 찾아보면 당시 그가 어떻게 살았는지 한눈에 알 수 있습니다.

"한밤중까지 노름에 열중했다. 요정 나들이를 시작했다. 단골이었다. 밤마다 1시 넘어서 집에 오고 아침 10시 넘어서야 겨우 일어났다." ─《호암자전》 중에서

스물여섯의 나이에 허랑한 세월을 보내던 어느 날, 기생집을 전전하며 술을 마시고 도박에 빠져 살다가 새벽에 집에 들어온 이병철은 잠들어 있던 세 아이를 보면서 문득, '아, 내가 너무 허송세월했구나. 이렇게 살아서는 안 되겠다'라고 생각합니다. 그 이후 사업을 하겠다고 결심하고 부친에게서 받은 자금을 밑천 삼아, 항구도시였던 마산에서 정미소와 운수업을 시작합니다. 당시 곡식을 도정搗精할

곳이 부족하다는 점을 노리고 시작한 이 사업은 단숨에 성공했고, 이병철은 순식간에 큰돈을 법니다.

요즘에도 사업에 성공하거나 유명해진 많은 이들이 부동산에 투자한다는 이야기를 듣곤 하는데요, 그건 과거에도 크게 다르지 않았습니다. 청년 이병철도 사업이 성공하자 은행에서 대출을 받아 땅을 엄청나게 사들여 대지주가 됩니다. 그러나 1937년 7월, 중일전쟁이 발발해 일본이 비상조치를 내리면서 은행 대출이 하루아침에 완전히 중단되고, 대출에 크게 의지했던 부동산업이 망해버립니다. 이 일로 인해 이병철은 땅을 팔고 사업도 다 접습니다. 단숨에 성공을 거머쥐었던 것처럼 사업이 망하는 것도 순식간이었죠.

절망할 만도 했지만 특유의 도전적인 성격 때문인지, 아니면 제대로 놀아봤기 때문인지 이병철은 금세 다시 정신을 차리고, 수중에 있던 돈으로 청과물과 건어물 등을 유통하는 삼성상회를 대구에 설립해 재기에 성공합니다. 이때 처음 등장한 '삼성'이란 이름은 크고 강한 것을 의미하는 삼三, 영원히 빛나는 별을 뜻하는 성星을 합해 만들었다고 하죠. 삼성이라는 이름에는 '크고 강력하고 영원하라'라는 의미가 담겨 있죠. 이 삼성상회가 바로 지금 삼성물산의 모태입니다. 이후 그는 양조장을 인수해서 술도 만들어 판매합니다.

그런데 1950년에 6·25전쟁이 발발합니다. 이병철은 마흔이 넘은 나이에 거의 빈털터리가 되어 대구를 거쳐 부산으로 피난을 가는데요, 이번에는 진짜로 망했구나 싶었을 거예요. 그런데 기적 같은 일이 일어납니다. 피난 갈 때 만난 대구 양조장의 직원들이 모아뒀던 3

억 원가량을 이병철에게 전달했던 겁니다. 그 돈으로 사업을 다시 시작하라고 말입니다. 직원들이 자금을 빼돌리지 않고 비축해둔 것도 놀라운 일인데, 전란의 시기에 그것을 사장에게 고스란히 전했다는 사실이 경이롭지 않습니까? 당시 대구 양조장의 직원들이 없었다면 지금의 삼성그룹도, 삼성가도 존재하기 어려웠을 거예요. 귀한 인연이 있다면 바로 이런 것일 겁니다.

결국 이병철은 직원들이 모아준 자금을 발판 삼아 재기합니다. 100퍼센트 수입에 의존했던 설탕을 국산화한 설탕 공장 제일제당(지금의 CJ)을 설립해 성공하죠. 옷감을 국산화한 제일모직까지 연이어 성공을 거두면서 이병철 회장은 대한민국 최초의 재벌이 됩니다.

참고로 당시 제일제당 설탕 공장을 건설할 때 집에 가지 않고 현장에서 먹고 자며 열심히 일했던 공장장이 있었는데요. 18개월이 걸린다는 공장 설립을 6개월 만에 완수하며 이병철 회장의 총애를 한 몸에 받았습니다. 그는 승진을 거듭하다 훗날 삼성을 나온 뒤에 휘청거리는 한 회사를 인수해 되살리는데요. 이 회사가 바로 맥심 커피 믹스를 만드는 '동서식품'입니다. 삼성그룹 창업주의 총애를 받았던 공장장, 훗날 동서식품을 이끄는 김재명 전 회장은 누구나 손쉽게 커피의 맛과 향을 누릴 수 있게 해준 인물이라는 평가를 받습니다.

삼성은 그 이후 지금의 삼성화재, 삼성생명, 안국화재, 동방생명, 훗날 신세계백화점이 되는 동화백화점을 인수했고, JTBC의 모태인 동양방송 TBC를 설립했으며, 삼성중공업과 삼성전자 등을 설립합니다. 이 모든 것이 이병철 회장 시대에 이뤄진 일들입니다.

초창기 삼성-제일제당 부산 공장 모습(위).
제일제당 미풍 공장(아래).

삼성의 승계,
확장된 삼성가

이병철 회장에게는 모두 10명(4남 6녀)의 자녀가 있었습니다. 처음에는 다들 장남 이맹희 전 제일비료 회장이 아버지의 뒤를 이을 줄 알았으나 그렇지 않았죠. 이병철 회장은 훗날 자서전을 통해 "장남에게 맡겼더니 그룹 전체가 혼란에 빠져서 본인이 자청해 물러났다"라고 했지만 이맹희 회장의 이야기는 다릅니다. 그는 자신의 회고록에 "아버지와의 사이에 상당한 틈이 있었다. 몇 마디로 간단하게 설명할 수 없는 복잡한 사정이다"라고 밝혔죠. 이에 대해 여러 가지 설이 있지만, 분명한 것 하나는 아버지와 장남의 관계가 껄끄러웠다는 점입니다.

이렇게 장남은 아버지와 사이가 안 좋았고, 차남 이창희 전 새한미디어 회장은 청와대에 투서를 넣으며 아버지에게 도전했던 것과 달리, 셋째 아들 이건희 회장은 형들과 달리 묵묵히 아버지를 도우며 경영수업을 받습니다. 이병철 회장의 아들들에 대한 평가가 세세히 드러나 있지는 않지만, 과거 역사 속에서도 왕실이든 재벌가든 부와 권력을 가진 집안에서는 대개 하늘에 두 개의 태양이 뜨지 않는 법이지요.

그 여파 때문인지 삼성에서 물러난 장남 이맹희 회장의 아들이자 이병철 회장의 장손인 CJ 이재현 회장은 삼성이 아닌 곳에서 사회생활을 처음 시작합니다. 그러다 장손을 불러오라는 할아버지의 성화에 못 이겨 삼성에 들어갔다는 얘기도 있죠. 마치 아들은 내쳤지만 손자는 사랑했던 조선의 어느 왕 이야기와 흡사하지 않나요? 어쨌든 지금도 이재현 회장은 삼성가의 장손으로서 할아버지 제사를 CJ 인재원에서 지냅니다. 하지만 삼성은 따로 추모식을 지낸다고 합니다.

이병철 회장은 삼성그룹을 창업해 영광의 시절을 누리고 엄청난 부를 축적했지만 그 역시 인간이기에 병마를 피해 가지는 못했고, 폐암 선고를 받고 투병하다가 1987년 11월 19일에 사망합니다. 그 직후에 삼성그룹 사장단은 바로 긴급회의를 열어 셋째 아들인 이건희를 차기 그룹 회장으로 추대하죠.

이병철 회장은 사이가 불편했던 장남 쪽 가족에게는 장손 몫으로 지분을 남겼습니다. 이 몫이 훗날 제일제당 지분과 교환되어 지금의 CJ그룹을 형성합니다. 첫째 딸 가족에게는 제지업 즉 지금의 한솔을 물려줬고, 둘째 아들에게는 합성섬유 부문(새한그룹)을, 막내딸에게는 백화점과 조선호텔(지금의 신세계 그룹)을 남겼습니다.

이 외에 전자, 금융, 무역, 건설, 중공업 같은 주요 사업의 경영권은 모두 후계자 이건희 회장에게 몰아줬는데요. 훗날 삼성그룹이 3세 경영시대에 접어들었을 때도 그룹 경영권 대부분은 이건희 회장의 장남인 이재용 부회장이 차지합니다. 세 자녀 중 후계자 한 사람에게 경영권을 몰아주는 것이 다른 자녀에게 가혹해 보일 수도 있죠. 하지만 지분을 비슷하게 물려받은 대부분의 재벌가 자손들이 경영권을 차지하기 위해 피 터지게 싸우는 모습을 생각해보면, 이렇게 한 사람에게 경영권을 집중시키는 것은 그룹의 생존을 위한 효과적이고도 불가피한 방법일 수 있습니다.

그런데 각각 자기 몫을 받은 자녀들 모두가 성공한 것은 아닙니다. 당시 상황으로 봤을 때 상대적으로 적은 몫을 받은 것처럼 보였던 CJ와 신세계는 사업을 성공적으로 확장해서 지금의 모습으로 성장했지만, 둘째 아들이 물려받은 새한그룹은 IMF 외환위기의 파고를 넘지 못하고 결국 무너지고 말았죠.

삼성과 관련이 깊은 《중앙일보》 이야기도 빠질 수 없는데요. 이병철 회장이 언론사를 시작한 이유는 정치보다 강한 힘으로 사회에 영향력을 행사하기 위한 것이었다고 하죠. 격변기에 기업을 운영하며 정치 권력에 시달리는 과정에서 이병철 회장도 정치 참여를 고려한 적이 있다는데요. 하지만 직접 정치권에 나가기에는 무리가 많아서 정치 권력을 견제할 수 있는 언론사를 운영해야겠다고 마음을 바꿨다고 합니다.

이병철 회장은 처음에 언론사를 이건희 회장에게 맡기려고 했답니다. 그래서인지 언론사의 경영을 맡은 사람도 이건희 회장의 장인이었죠. 조선의 수재였고 인물도 좋았던 홍진기 전 법무부 장관입니다. 이병철 회장은 홍진기 전 장관에 대해 사돈이면서 고락을 같이한 동지라고 표현하곤 했습니다. 하지만 이건희 회장이 삼성그룹 전체의 키를 잡게 되면서 삼성이 만든 언론사는 홍진기 회장의 자제, 그러니까 이건희 회장의 부인인 홍라희 여사의 형제인 홍석현 회장이 맡습니다.

1985년 1월 삼성반도체통신과 미국 인텔사의 기술협력 계약 체결을
기념하기 위한 행사가 서울 호텔신라에서 열렸다.

2005년 당시 삼성전자의 최신 휴대폰인 '애니콜'(위)과 2021년에 삼성이 선보인 '갤럭시 Z플립'(아래). 아래 사진은 2021년 호주 패션 위크에서 삼성 갤럭시 Z플립으로 크리스토퍼 에스버의 쇼를 촬영하는 모습이다.

이건희 시대
일류 기업으로 도약

1987년에 아버지 이병철 회장이 타계한 직후 이건희는 그룹 회장으로 추대되었습니다. 이건희 회장 시대에 삼성은 명실상부한 세계적인 기업으로 성장합니다. '돈 먹는 하마'라고 불리던 반도체 사업은 승승장구해서 미국과 일본 기업을 제치고 메모리 분야에서 세계 1등을 차지합니다. 그 후로도 계속 선두 자리를 내주지 않았고요. 휴대전화 사업에서도 '애니콜'과 '갤럭시' 브랜드를 바탕으로 사업을 키워서 정상에 올랐습니다. 중국 업체들의 도전이 거세지만 여전히 삼성은 스마트폰 판매량 세계 1위 자리를 지키고 있죠. 이렇게 눈부신 성장을 바탕으로 삼성은 애플과 아마존, 마이크로소프트, 구글에 이어 세계 5위의 브랜드 가치를 지닌 기업으로 평가받고 있습니다(세계 최대 브랜드 컨설팅인 인터브랜드의 2020년 조사결과 기준).

2020년 이건희 회장의 타계 이후 삼성그룹의 키는 이 회장의 아들이자 창업주의 3세 이재용 부회장이 잡고 있습니다. CJ와 신세계, 한솔, 중앙그룹 등도 3세들이 그룹 경영의 전면에 선 상태죠. 결론적으로 이병철 회장이 창업한 삼성에서 여러 기업이 형성되고 분리돼 창업자의 후손에게 경영권이 이어지고 있습니다. 다만, 만약 이재용 부회장이 자녀들에게 경영권을 물려주지 않겠다고 한 발언이 현실이 된다면, 삼성가의 삼성그룹 경영은 3세 시대로 막을 내릴 가능성도 있습니다.

2021년에 스페인 바르셀로나에서 열린 'MWC 바르셀로나'에 앞서,
피라 드 바르셀로나 경기장 밖에 열린
갤럭시 북 프로 360과 갤럭시 S21+ 광고판의 모습.

국내 최고의 재벌이자 세계적으로도 거대 기업으로 성장한 삼성그룹, 그리고 그룹의 역사와 함께 대한민국에서 가장 유명한 가문이 된 삼성 패밀리. 삼성과 삼성가의 앞날은 과연 어떻게 될까요? 마치 왕조의 운명이 왕국의 흥망성쇠에 달려 있듯이, 삼성가 또한 삼성그룹의 미래와 연결돼 있을 텐데요. 고인이 된 이병철 회장의 이야기에 예언과 같은 메시지가 담겨 있다고 생각합니다.

　　"기업은 영원한가? 물론 아니다. 기업은 결코 영원한 존재가 아니다. 변화를 향한 도전을 게을리하면 기업은 쇠퇴하기 시작한다."

이건희 회장의 발언으로 살펴보는
삼성과 대한민국

2020년 10월, 삼성그룹 이건희 회장이 별세했습니다. 이건희 회장의 삶을 평가하는 세간의 이야기는 칭송과 비판, 이렇게 양극단으로 나뉩니다. 하지만 어떤 사람의 삶과 업적도 단순히 흑과 백으로 나누기 어려운 것처럼, 이건희 회장 같은 인물을 한 방향으로만 평가하기는 쉽지 않죠. 특히나 이 회장처럼 오랜 세월 대한민국 최고의 그룹을 이끌면서도 쉽사리 자신의 모습을 드러내지 않았던 인물은 더욱 그렇습니다.

그래서 조금은 다른 방법으로 이건희 회장을 조명해보려고 합니다. 제3자의 의견이 아니라 과거에 그가 직접 했던 이야기를 통해서 말입니다. 그리고 다가올 미래를 두고 그가 했던 이야기가 얼마나 들어맞았는지, 실제로 그 방향에 맞게 삼성그룹이 움직였는지 살펴본다면, 경영자로서의 이건희 회장을 평가하는 데 도움이 되리라 생각합니다.

"나 자신이 완벽하다는 뜻은 절대 아닙니다. 실수도 많이 했고 지금도 하는 중입니다. 조직 사회라는 게 나쁜 쪽 5퍼센트와 좋은

쪽 5퍼센트 중 어느 사람이 잘 되느냐, 어느 사람이 출세하느냐에 따라 나머지 90퍼센트가 다 따라갑니다. 그렇다면 삼성은 무엇이냐 이겁니다. 나는 앞으로 이 2~3명, 5명만 집어내겠습니다. 잘하려는, 잘 가려는 5퍼센트의 사람을 밀어주면서 가면 됩니다.”

— 1993년 6월 13일 유럽 주재원 간담회

삼성전자 임원이 총 몇 명일까요? 2019년 기준으로 9백 명에 육박합니다. 삼성그룹 전체 임원은 2천 명 정도입니다. 여기서 직원까지 합하면 약 17만 명입니다. 계열사는 약 60개. 2019년 그룹 매출 315조 원. 그러면 고위급 임원들의 연봉은 얼마나 될까요? 2019년 기준으로 삼성전자 김기남 부회장은 34억5천1백만 원. 김현석 사장이 25억7천8백만 원, 고동진 사장 28억2천8백만 원, 이상훈 사장 31억3천5백만 원입니다.

삼성그룹 임원의 급여는 다른 대기업보다 훨씬 높은 편입니다. 그 이유를 이건희 회장의 발언에서 찾아볼 수 있습니다. 수많은 삼성그룹의 직원과 임원을 회장이 일일이 선택할 순 없겠죠.

하지만 핵심 임직원, 즉 키맨들을 고를 수는 있습니다. 그들이 바로 이건희 회장이 얘기한 ‘잘하는 사람 5퍼센트’에 해당할 겁니다. 그렇게 선택받은 사람들이 성과를 내고, 삼성이 일류를 유지할 수 있도록 나머지 95퍼센트를 이끕니다. 이건희 회장은 이들에게 그룹의 명운이 달렸다고 생각해서 다른 대기업에 비해서도 훨씬 더 높은 연봉으로 대우한 겁니다.

"우리나라에서 상대적으로 잘하고 있다는 삼성그룹을 봅시다. 어느 나라에 가도 살아남을 수 있는 국제 경쟁력이 있는 건 단 한 가지 반도체, 그중에서도 메모리 한 가지입니다. 그 외에는 국제 경쟁력에서 전부 1.5류에서 2.5류입니다."

— 1993년 일본 오사카 간담회

"삼성그룹도 크고 한국도 어느 정도 커졌으니 이제는 이 시점에서 이런 약속을 하고, 이런 수준으로 일류로 가면 되지 않겠냐 하는, 막 시작하는 단계입니다. 신중히 생각하고 검토하고 연구하고 실험하고 확인해본 결과가 이겁니다. 진공관이 나와서 인류의 문명이 달라졌습니다. 반도체가 나와서 또 한번 달라지고, 컴퓨터가 나와서 또 달라졌습니다. 앞으로는 한없이 달라질 겁니다."

— 1993년 6월 13일 유럽 주재원 간담회

이 발언을 했던 시기가 1993년이었습니다. 이때도 삼성이 휴대폰 사업을 잘하고 있었고, 반도체 사업도 순항 중이었지만 국내에서조차 삼성은 1위 재벌이 아니었습니다. 세계적으로 전자업계를 보면 미국이나 일본의 기업들이 엄청난 기술과 명성을 자랑하고 있을 때였습니다. 일본의 소니는 잡을 수 없는 저 너머에 있는 것만 같았습니다. 그런 시절에 삼성은 "이렇게 가면 일류가 될 수 있지 않겠냐"라고 한 겁니다. 그리고 어떻게 됐나요? 앞서 말씀드린 키맨들과 함께 삼성 반도체는 세계 정상에 섰습니다. 휴대폰은 또 어떻습니까? 애플이 아이폰을 내놓은 다음 세계 굴지의 휴대전화 제조사들이 픽픽 쓰러지는 중에도 삼성은 애플을 따라잡았죠. 심지어 따라잡은 데에서 그친 것이 아니라 세계 일류의 스마트폰 회사로 성장했습니다.

참고로 이건희 회장은 초등학교부터 고등학교, 대학교 시절까지 학창 시절 대부분을 일본에서 보냈습니다. 아주 부자였음에도 불구하고 일본에서 차별과 무시를 당해야 했죠. 또한 삼성은 과거에 여러 분야에서 일본에 기술 지원을 요청해야만 했어요. 그런 배경이 있어서인지 이건희 회장 스스로도 '일본은 저만큼 앞서 나가는 나라'라고 평하곤 했습니다. 하지만 일본조차 국제사회에서 고립되면 힘을 쓰지 못할 거라며 세계화를 강조했는데요. 그래서일까요? 훗날 이건희 회장은 "일본은 힘이 좀 빠져버린 것 같다"라고 평가합니다.

사실 앞서 소개한 이건희 회장의 발언들이 나왔던 1990년대 초반만 해도, 세계 속 대한민국의 위상이 지금과 같을 거라고 예견한 사람은 드물었습니다. 그런데 이건희 회장은 앞으로 한없이 달라질 세상 속에서 대한민국과 삼성이 일류가 될 수 있을 거라고 짐작할 수 있었던 걸까요? 그리고 그렇게 되기 위해서는 반도체에 승부를 걸어야 한다고 생각했던 걸까요?

"이게 되는 민족이다 이거예요. 그럼 왜 여태까지 안 됐느냐? 모든 군사 정권과 독재 정권과 획일화 같은 이상한 것이 끼어들어서 '잘 가자' 하는 사람을 눌러왔습니다. 획일화는 절대 안 됩니다. 군사 문화, 독재 문화 절대 오래 안 갑니다. 독점은 절대로 안 됩니다."

제가 국내외 여러 나라에서 삼성의 임직원을 만나면서 알게 된 것들 중에는 삼성에 대해 가지고 있던 기존의 선입견과 완전히 어긋나는 것들이 있었습니다. 보통 삼성 직원이라고 하면 일부 학교 출신, 특정한 지역 출신이 많을 것 같지 않나요? 저도 처음엔 그런 편견이 있었습니다. 그런데 오히려 삼성 임직원의 출신 학교는 상대적으로 다른 기업에 비해 다양한 편입니다. 직원끼리도 서로의 학력을 잘 모르는 경우가 대부분이고요. 물론 직원 수가 많아서 그럴 수도 있고, 최고위층 임원의 출신 학교는 제한적이며 이들은 서로의 배경을 잘 알고 있죠. 하지만 전반적으로는 가까이에서 근무하는 임원들도 서로 출신 학교가 어디인지, 고향이 어디인지 잘 모르더라고요. 삼성에 이런 예상 밖의 문화가 있는 배경에는, 학벌이나 출신 지역을 따지지 말고 일에 집중하라고 했던 이건희 회장의 경영 철학이 있었을 겁니다.

"전문 경영인이 이상적이다? 오너 경영이 이상적이다? 다 엉터리입니다. 가장 우수한 경영자가 제일 좋은 경영자입니다. 오너건 전문 경영인이건 관계없습니다. 가장 지도자 자격을 가진 지도자가 우수한 겁니다. 지도자를 많이 키우는 게 기업입니다."

— 1993년 6월 13일 유럽 주재원 간담회

삼성이 경영권 승계를 위해서 온갖 묘수를 짜내고 그 때문에 많은 고초를 겪었다는 점을 생각해보면 의외의 발언인데요. 많은 사람이 알다시피 이건희 회장 시대의 삼성은 이 발언대로만 움직이지는 않았습니다. 그리고 국정 농단 사태 연루를 비롯한 각종 정경유착의 의혹 때문인지는 모르겠지만 이재용 부회장은 자녀들에게 경영권을 승계하지 않겠다고 밝혔는데요. 이것도 이건희 회장의 예언이 어느 정도 이뤄진 거라고 할 수 있을까요? 물론 시간이 훨씬 더 지나야 확인할 수 있는 지점일 겁니다.

여기서 잠시 사회생활을 해본 사람들이라면 한번쯤 느껴봤을 것 같은, 복잡한 대기업의 생리에 대해 이야기해보겠습니다. 흔히 재벌이라고 부르는 대기업의 운영 방식을 보면, 드물지만 총수 일가가 임직원을 움직이는 게 아니라 임직원이 총수 일가를 움직이는 경우도 있습니다. 사업이 워낙 다양하고 회사도 여럿이고, 임직원도 많기 때문에 아무리 그룹 총수라고 해도 그 모든 걸 하나하나 챙길 수는 없겠죠. 그런 점에서 그룹의 핵심 인재나 키맨이 자기 세력을 형성해서 정보를 꽉 쥔 채 회장이나 총수 일가에 제대로 보고하지 않으면, 아주 극단적으로 말해서 회장이 허수아비로 전락할 수도 있습니다.

일례로 최근에 모 대기업 총수를 만난 적이 있는데 그가 이런 얘기를 하더라고요. "핵심 인재들이 나에게 제대로 된 정보를 주고 있는지, 아니면 자기 사업부, 자기 부서, 자기 팀의 이익에 맞는 정보만 가려서 주는 것은 아닌지 항상 유심히 지켜봐야 한다." 판단력이 뛰어난 총수라면 잘 가려낼 수 있겠지만 만약 그럴 능력이 없는 사람이라면 정말 임직원들의 말에 끌려갈 수도 있습니다.

또 임원의 입장에서 보면 이런 경우도 있습니다. 총수 일가가 여럿이고, 누가 후계자가 될지 모를 때라면 자신이 줄을 대고 있는 윗사람이 잘되는 것이 무엇보다 중요합니다. 그래야 자리도 보전되고, 사업도, 자기가 속한 조직도 계속 커나갈 수 있기 때문입니다. 그래서 자기가 있는 '라인'의 리더가 경영권을 가질 수 있도록 싸움을 조장하거나 경영 일선에서 물러나지 않게 압력을 가하기도 합니다. 그 사람이 혹시 스스로 물러나거나 경영권을 갖지 못하면 자기 자리도 없어져버릴 테니까요.

대기업 총수라고 하면 회사에서 모든 것을 마음대로 할 수 있을 것만 같고, 직원들은 일방적으로 그의 말을 들어야 할 것만 같은데, 실상은 꼭 그렇지만도 않죠. 이러한 긴장 관계 속에서 사람을 골라 쓰지 못하고 성과를 내지 못한다면 비록 그룹의 총수라고 할지라도 경영자로서 자질이 부족하고 총수 일가가 아닌 사람이라도 이렇게 복잡한 대기업의 환경에서 성과를 낸다면 훌륭한 지도자라는 것이 이건희 회장 발언의 의미가 아닐까 싶습니다.

현재 이재용 부회장은 아버지와는 다른 행보를 보입니다. 공개 석상에서 자주 발언도 하고, 인도 재벌가의 결혼식 같은 예상치 못한 곳에 나타나기도 합니다. 사진도 많이 찍고 찍히기도 하고, 회사에서는 자신을 위해서 엘리베이터를 잡아두지 말라는 지시를 내렸다고도 하죠. 수행원 없이 혼자 어디론가 홀쩍 떠나거나, 직접 운전하고, 출장 짐을 스스로 챙기는 등의 모습도 과거 삼성그룹 총수에게

선 상상하기 어려웠습니다. 이런 모습을 보면, 앞으로 삼성은 이재용 부회장이 밝혔던 것처럼 그룹 4세에게 경영권을 승계하지 않을 수도 있을 듯합니다. 총수 일가인지 아닌지가 중요한 게 아니라 가장 우수한 경영자가 제일 좋은 경영자라는 이건희 회장의 발언이 후대에는 문자 그대로 이뤄질지도 모른다는 것이죠.

> "앞으로는 디자인이 제일 중요해집니다. 제일 중요하다는 건 극단적 얘기고 개성화로 나아갑니다. 생산 공장은 계속 자동화되어서 로봇 기계화로 나아갑니다. 자기 개성의 상품화와 (이와 관련된) 디자인을 개발해야 합니다. 소량, 다품종, 고부가가치 제품으로 계속 나아갑니다. 이건 영원해집니다."
>
> — 1993년 6월 13일 유럽 주재원 간담회

이 발언의 주인공 역시 애플의 스티브 잡스가 아니라 삼성의 이건희 회장입니다. 과거에는 일류를 빠르게 모방해 저렴한 물건을 만든다는 악평까지 받았던 삼성이, 훗날 어떤 디자인의 제품들을 생산해냈는지 목격한 분들에게는 이건희 회장의 발언이 얼마나 영향력을 발휘했는지 느낌이 오실 것 같습니다.

> "미래지향적이고 도전적인 경영을 통해 삼성을 세계적인 초일류 기업으로 성장시킬 것입니다."
>
> — 1987년 회장 취임식

"사람 하나를 평가해도 10년, 20년 보고 평가하라고 하는데, 한 기업을 평가하려면 과거 30년 동안 한 걸 보고 평가하라 이 말입니다. 김우중, 정주영, 이병철이 어떤 사람인지 다 나와요."

— 1993년 6월 13일 유럽 주재원 간담회

1987년의 한국 사회를 생각하면, 삼성을 세계적인 일류 기업으로 성장시키겠다는 이 말이 현실에서 이루어지리라고 아무도 생각하지 못했습니다. 이건희 회장의 그런 자신감은 어디에서 나왔을까요? 이건희 회장은 자신과 삼성이 본인의 사후에 어떤 평가를 받게 될지 예상했을까요?

삼성의 이건희 시대는 막을 내렸습니다. 그의 발언처럼 삼성은 초일류 기업으로 성장했습니다. 그사이 삼성은 세계 각지에서 한국인의 자부심이 되었지만, 그의 발언대로만 움직이지 않아서 사람들을 실망시킬 때도 있었습니다.

이건희 회장이 현실에서 실현하지 못한 발언은 이제 이재용 부회장 시대의 몫으로 남았습니다. 그리고 선대 시절보다 삼성에 큰 기대를 갖고 있는 사람들은 이제 이재용 부회장이 이끄는 삼성이 어떤 미래를 만들어나갈지 지켜볼 것입니다.

"나 자신이라는 건 영원하냐? 안 영원하다 이겁니다. 아무리 발상이 좋아도 (소용 없습니다.) 실천 하나면 됩니다. 실천. (…) 여기에서 만족하느냐 이겁니다. 만족하는 사람은 가만히 있으란 얘깁니다.

강제도 아닙니다. 만족 안 하는 사람, 만족 안 할 것 같은 사람은 한 번 바꿔보자 이 말입니다. (…) 이걸 결국은 누가 해야 하느냐, 내가 하지 않으면 안 됩니다. 내가 안 하면."

— 1993년 6월 13일 유럽 주재원 간담회

＊이건희 회장의 발언은 문맥상의 의미를 해치지 않는 선에서 다소 편집했음을 밝힙니다.

꼿꼿하게 정도 경영을 추구하다

LG

<u>12</u>

재벌이라고 하면 사람들이 흔히 떠올리는 이미지가 있습니다. 사업 수완이 탁월해서 재산이 어마어마거나 더 많이 갖기 위해 때로는 사회적 물의를 일으키는 사람들. 하지만 이 기업 창업주의 후손들은 대체로 긍정적인 평가를 받습니다. 대부분 병역 의무를 마쳤고, 사회적으로 지탄받는 일도 거의 없죠. 오히려 이 기업의 회장은 의로운 일을 행한 사람들을 돕거나 공익을 위해 자기 재산을 나눈 것으로도 유명합니다. 이 기업과 오너 일가가 지하철 선로에 떨어진 장애인을 구조한 군인에게 특별 채용의 기회를 주고, 가정 형편이 어려운 국가 대표 운동선수를 지원하고, 미세먼지가 심각하니 전국 학교에 공기청정기 1만 대를 무상으로 설치해줬다는 이야기를 들어본 적이 있을 겁니다.

그런데 이 기업 사람들은 이런 선행을 적극적으로 홍보하기는커녕 오히려 숨기려고 합니다. 오너 일가의 경우, 성이 구 씨라는 것 말고는 이들이 재벌이라는 것을 알아챌 방법도 없습니다. 그래서인지 어떤 사람들은 이 기업을 두고 사람 마음을 움직이는 '바보' 같은 기업이라고도 하죠. 오죽했으면 일부 네티즌은 좋은 일을 애써 자랑하지 않는 이 기업의 문화가 답답하다며 자신들이 직접 나서서 대신 기업을 홍보해주기도 합니다.

하지만 만년 2등 취급을 받으면서도 오랜 세월 묵묵하게 위기를 돌파하며 지금까지 버틴 기업에는 저력이 있는 법입니다. 그리고 최근에는 이 기업이 야심찬 반전을 꾀하고 있는데요. 사람들로부터 '잘 됐으면 좋겠다'라고 응원받는 대기업, 'LG'입니다.

LG의 시작,
그리고 오늘

LG그룹의 모태는 창업주인 연암連庵 구인회 회장이 1931년 경남 진주에 문을 연 구인회 상점으로, 이곳은 옷감 등을 파는 포목상이었습니다. 그러던 어느 날, 형제들과 함께 사업을 운영하던 구인회 회장에게 진주 출신의 거부 허만정이 찾아옵니다. 구인회 회장의 사업에 투자하는 동시에 자신의 아들을 맡겨 일종의 경영수업을 받게 하려는 속내였습니다. 이렇게 구 씨와 허 씨 가문이 만나 1947년에 세운 기업이 바로 '락희화학'입니다. '락희'는 즐거울 락樂에 기쁠 희喜, 영어로는 럭키Lucky라고 부를 수 있는 이름이었습니다. 락희화학이 생산했던 '동동구리무'라는 크림형 화장품이 불티나게 팔리면서 이들의 사업은 빠르게 성장했습니다.

럭키는 사업을 키우면서 1954년 부산 연지동에 있던 비닐 원단, 플라스틱 제품 제조 시설을 크게 확장했고 그 다음 해에는 '럭키 표 치약'을 생산해냅니다. 그 시절만 하더라도 한국에서는 가루 형태의 치약이 대세였고 지금의 연고형 치약은 미국산 수입품이 거의 전부였어요. 이런 상황에서 락희화학이 한국 최초로 미국 콜게이트Colgate와 어깨를 견주는 연고형 치약, 럭키 치약을 만들어낸 겁니다.

이런 성공을 발판으로 럭키는 사업 영역을 전자제품으로 넓힙니다. 1958년에 금성사 '골드스타Goldstar'를 설립하고 국내 최초의 라디오와 흑백 텔레비전을 생산하죠. 처음 금성사의 전자제품이 출시

됐을 때만 해도 그동안 수입품만 써왔던 소비자가 국산 제품에 의구심을 품으면서 어려움을 겪었지만 밀수품 단속이 강화되면서 국산 제품이었던 금성사 제품이 불티나게 팔려나갔습니다. 그 당시 국산 제품에 대한 평가 절하의 시선을 극복하기 위해서였을까요? 금성사가 제품을 얼마나 튼튼하게 만들었는지, 지금도 금성사의 선풍기나 밥솥 등을 수십 년째 쓰고 있다는 사람들의 사연이 인터넷에 종종 올라올 정도입니다.

이렇게 화장품과 전자제품을 만들던 두 회사 '럭키'와 '금성사'가 오늘날 LG그룹의 전신인 '럭키 금성'이 됩니다. 그리고 이 모든 걸 이끌었던 사람이 LG그룹의 창업주, 연암 구인회 회장입니다. 구인회 회장과 동업한 허만정 회장의 후손은 훗날 GS그룹을 세우고, 구인회 회장의 사업을 도왔던 형제들은 LS그룹과 LIG그룹 등을 만들었습니다. 구인회 상점이라는 포목상이 엄청난 미래의 싹을 틔우는 씨앗 역할을 했던 겁니다.

1969년 12월 31일, 창업주인 연암 구인회 회장이 별세하면서 1970년부터 럭키 금성은 그의 장남, 상남上南 구자경 회장이 이끌어갑니다. 일찌감치 부친의 사업을 도왔던 구자경 회장은 원래 초등학교 선생님이었는데요. 아버지의 부름에 하던 일을 그만두고 공장에 들어온 뒤, 18년 가까이 락희화학과 금성사를 오가며 일했습니다. 특히 창업주의 장남인데도 불구하고 처음 일손을 돕기 시작한 4년 동안은 이틀에 한 번씩 공장에서 잠을 잤다고 하죠. 불시에 아버지가 공장을 찾았을 때 미흡한 점이 발견되기라도 하면 불호령이 떨어졌기 때

럭키금성에서 생산된 최초의 텔레비전(위). 1994년에 럭키금성
'고객의 달' 행사를 맞아 구자경 회장은 여의도시범아파트단지에서
자사 제품에 대한 서비스 활동을 벌이는 모습이다(아래).

문이라고 합니다. 부친의 바람대로 구자경 회장은 그룹의 안정은 물론 성장에도 온 힘을 쏟아 부으면서 '혁신의 전도사'라는 별칭을 얻었고, 그가 회장으로 재임했던 기간 럭키금성 그룹 매출은 1150배나 성장했습니다.

그의 뒤를 이은 3대 총수는 구자경 회장의 장남, 화담和談 구본무 회장이었습니다. 구본무 회장은 부친의 엄명으로 육군 사병으로 입대한 뒤 만기 제대한, 재벌로서는 다소 특이한 이력을 가진 인물입니다. 그 이후 미국에서 유학을 마치고 럭키에 입사한 구본무 회장은 온갖 궂은일을 마다하지 않으면서 '집념의 사나이'라는 평을 들었다고 합니다.

특히 구본무 회장은 1995년 그룹명을 '럭키금성'에서 'LG'로 바꾼 뒤, 그룹을 수많은 위협에서 지켜내며 안정적으로 지휘한 인물입니다. 구본무 회장 재임 기간 동안 LG그룹의 매출은 약 5배 성장했습니다. 선친에 비하면 경제 성장의 속도가 다른 시기에 그룹을 이끌기는 했지만, LG그룹의 성장이 다소 느려진 것 아니냐는 목소리를 내는 이들도 있었습니다. 어떤 이들은 사람 좋은 구본무 회장이 그룹의 이미지를 좋게 만들었지만 사업적 약진을 이뤄내지 못했다고 깎아내리기도 했고요. 그런데 저는 구본무 회장 사후에 LG그룹이 보여준 행보를 지켜보며 오히려 구본무 회장이 남긴 유산이 적어도 LG가에게는 큰 자산일 수 있겠다는 생각도 들었습니다.

일단 구본무 회장 재임기였던 2003년, LG그룹은 재벌 그룹 최초로 지주사체제 전환에 성공했습니다. 2021년 5월에는 구본무 회장의 동생 구본준 전 부회장이 LG그룹에서 독립해 LX그룹을 설립했는데요. 2005년 GS그룹이 독립할 때도 그렇고, 그 이후에도 지주사체제 전환이 없었다면 동업자와 창업자의 많은 후손들이 얽힌 이해관계를 조정하기가 쉽지 않았을 겁니다.

그리고 구본무 회장은 사실상 반도체 사업을 다른 기업에 빼앗기고도 그룹의 위상을 유지하느라 애쓴 인물입니다. 과거 삼성, 현대와 함께 재계 3강이었던 LG는, 2020년 기준 자산 규모로 SK에 밀리면서 재계 서열 4위의 그룹이 됐습니다. 한때 5위였던 롯데에게까지 자리를 넘겨주는 것 아니냐는 우려를 듣기도 했고요. 2020년 말 기준으로 한국 주식시장 코스피 시가총액 1위 기업은 삼성전자입니다. 2위는 반도체를 만드는 SK하이닉스이고요. 하이닉스가 SK그룹 전체의 위상을 한껏 높여주고 있죠. 그런데 하이닉스가 과거 LG반도체였다는 걸 아시나요?

IMF 외환위기가 발생한 뒤 정부는 재벌의 중복 사업을 정리한다는 명목으로 재벌 간 빅딜이란 것을 추진했습니다. 그리고 그 과정 중이었던 1999년 4월 22일, LG그룹이 반도체 사업을 현대그룹에 넘겼습니다. 당시 이러한 빅딜을 중재한 주체는 전국경제인연합회(이하 전경련)였고, 재계 측 간사 역할을 맡았던 사람은 손병두 전경련 상근부회장으로 삼성그룹 비서실 출신이었습니다. 당시 현대그룹은 정부의 대북사업을 적극 지원하고 있었죠. 이렇게 미묘한 상황 속에서 전경련이 LG에게 반도체 사업을 현대그룹에 넘기라고 한 겁니다.

LG가 이 빅딜을 순순히 받아들였을까요? 당연히 펄쩍 뛰고

임직원들과 여의도 본사에서 그룹 명칭 개정 행사에 참석한
구자경 회장(위). LG그룹은 환경보호를 위한 시설과 연구개발에
힘을 쏟기로 했다. 여의도 그룹 본사에서 구본무 그룹회장과
임직원이 참석한 가운데 '환경선언' 선포식이 이루어졌다(아래).

결사반대했죠. 하지만 당시는 IMF 외환 위기의 여파로 한국의 여러 기업이 풍전등화의 위기에 놓인 상황이었습니다. 자칫 정부에 밉보였다가 금융기관이 자금줄을 조인다거나 하면, 사실상 살아남을 수 있는 기업이 하나도 없었습니다. 그리고 1999년 1월 6일, 대통령과 LG 구본무 회장이 면담을 합니다. 구본무 회장은 반도체는 선친이 물려준 사업이며 기술력과 재무구조도 우수하다고 항변했지만 결국 LG그룹은 반도체 사업을 포기할 수밖에 없었습니다. 당시 자신을 찾아온 언론사 취재진에 '허허' 웃으며 담담한 표정을 짓던 구본무 회장의 속은 타들어갔다고 하죠. 그 결정 이후로 구본무 회장은 몇 달간 두문불출하고 전경련에 발길도 끊습니다.

그렇게 빅딜로 LG의 품을 떠난 LG반도체는 현대전자에 인수되고, 현대그룹이 어려움을 겪으면서 다시 채권단의 손으로 넘어간 뒤 결국 SK의 품에 안깁니다. 그리고 반도체 사업은 2018년 한 해 영업이익만 20조 원에 달하는 SK의 효자가 됐죠. 같은 기간 LG전자의 전체 영업이익이 3조가 안 됐습니다. 과연 반도체 사업이 계속 LG에 있었다면 어땠을까 하는 생각을 지울 수 없는 대목입니다. 사실 삼성도 스마트폰 사업이 어려울 때가 있었지만 반도체가 든든하게 버텨줘서 난국을 돌파할 수 있었습니다. 하지만 LG는 그럴 수 없었던 것이죠.

반도체 사업 이야기를 이처럼 길게 한 이유는, 그러한 충격에도 불구하고 구본무 회장이 이끌던 LG그룹이 쓰러지지 않았기 때문입니다. 그러한 뚝심의 성과는 디스플레이와 2차전지 사업 등에서 두드러졌는데요. 특히 LG의 배터리 사업은 오히려 구본무 회장 사후에 더욱 조명을 받고 있습니다. 만약 과거에 반도체 사업을 잃은 충격에 휘둘려서 신사업을 준비하지 않았더라면 LG그룹이 지금처럼 전기차 시대를 맞아 배터리 사업에서 세계 정상급 경쟁력을 발휘하기는 어려웠을 겁니다.

바르고 당당한
경영의 길을 추구하다

LG는 반도체 빅딜 이후에도 정부가 도와달라고 하면 언제나 최선을 다해서 애썼습니다. 심지어 코로나19 발생 이후에는 정부가 요청한 것도 아닌데 공기청정기가 달린 전자식 마스크를 개발해서 기부하기도 했죠. 정권과 진영을 가리지도 않습니다. 이뿐만이 아닙니다. 6·25 전쟁 참전용사를 위한 사회 공헌 프로그램을 운영하고, 북한군이 매설한 지뢰가 폭발해 다친 군인에게 거액의 위로금을 전달하기도 했습니다.

'LG 의인상'에 관한 사연도 감동적입니다. 이 상이 생기기 전에도 구본무 회장은 자신을 희생해 타인을 구한 사람들에게 개인적으로 성금을 전해주곤 했는데요. 2015년 1월, 경기도 의정부시의 한 아파트에서 화재가 발생했을 때 주민 열 명을 구한 이승선 씨의 기사를 읽은 구본무 회장이 성금을 전달했는데 이 씨는 자신을 찾아온

LG 직원에게 "괜찮습니다. 술이나 한잔 사십시오"라며 봉투를 되돌려 보냈습니다. 다시 성금을 전하려는데도 이 씨가 재차 거절하자 구본무 회장은 앞으로도 이런 일이 있을 수 있으니 아예 공식적으로 상을 만들자고 나섰고, 그 결과 'LG 의인상'이 만들어진 겁니다. 여기에 구본무 회장 본인의 사재를 출연했죠. 그래서 일각에선 국가에서 나서서 해도 모자랄 일을 LG가 하고 있다는 얘기를 하기도 합니다.

제게도 LG그룹 일가가 어떤 사람들인지 엿볼 수 있는 단편적인 일화가 있습니다. 혹시 여러분은 회사의 총수가 별세하면 어떤 기분이 들 것 같은가요? 2018년 5월 20일 오전 10시경, 저는 구본무 회장이 별세했다는 소식을 전해 듣고 곧바로 한 LG그룹 임원에게 전화를 걸었습니다. 그런데 그 임원이 울고 있었어요. 살짝 울먹이는 정도가 아니라 흐느끼고 있었는데, 그 모습을 보면서 기분이 이상했습니다. 오랜 세월 함께 일했으면 진심으로 슬퍼할 수 있겠지만, 요즘 같은 때에 세상을 떠나며 임직원을 울게 만드는 기업총수가 몇이나 될까, 하는 생각도 들었습니다.

또 구본무 회장이 작고하기 2주 전쯤, 그 집안의 다른 회장 한 분과 식사를 한 적이 있습니다. 그 자리에서 저는 "왜 그 집안 분들은 재벌인데도 불구하고 대부분 군대에 가죠?"라는 이상한 질문을 했습니다. 한국인 남성이 건강상 이상이 없으면 군대에 가는 것이 당연한데도 말이죠(참고로 대한민국에서 군대에 가지 않는 남성의 비율은 2018년 기준으로 약 3.3퍼센트입니다. 하지만 재벌가에선 비율이 달라집니다. 2015년 조사에 따르면 30대 그룹 후계자 3명 중 1명은 군대에 가지 않았고, 10대 그룹 후계자 중에서는 절반 이상이 군 복무를 하지 않았습니다).
대부분의 재벌과 달리 LG 가문 사람들은 거의 다 군대에 다녀온 것
이 이상하다는 생각이 들어서 했던 질문입니다.

그 회장님은 이렇게 답했습니다. "군대 문제를 어떻게 할지 생
각하고 있었는데 아버님께서 영국의 예를 드셨습니다. '영국은 전쟁
이 나면 귀족이 먼저 참전하지 않느냐. 그래서 영국의 귀족이 대접을
받는 거다. 부자가 존경받으려면 책임을 다해야 한다.' 아버님 말씀을
듣고 곧바로 입대했습니다."

그즈음은 땅콩 회항 문제를 비롯해서 재벌가 자녀들이 일으
킨 문제가 자주 불거지던 때였습니다. 그래서였는지 몰라도 구 씨 성
의 회장님 이야기를 들었을 때, 이 집 사람들은 가정교육부터 뭔가
달라서 회사 경영도 다르게 하나보다, 생각했던 기억이 있습니다.

이외에도 LG와 관련한 미담은 많습니다. 2004년부터 사회복
지 시설에서 LG 제품을 사용할 경우, 보증기간과 상관없이 무상으로
수리해주고 있습니다. 시각장애인을 위한 휴대폰을 개발해 1만 대
넘게 무상 지급하기도 했고, 소방관의 방호복을 세탁할 수 있는 전용
세탁기를 만든 것도 화제가 됐죠.

LG에 대해서 또 하나 짚고 넘어가야 할 것은 집안싸움이 없
는 기업이라는 점입니다. 유명한 브랜드나 대기업 창업자의 자녀나
형제들은 대부분 상속과 관련해 분란을 일으킵니다. 국내외 할 것
없이 거의 모든 기업이 그렇고, 재벌이 아니라고 해도 재산을 나눌
때가 되면 싸움 없이 넘어가는 집이 거의 없죠. 혹여 아들딸이 사이

좋으면 손자 손녀라도 싸우고요.

LG 구인회 창업주는 형제만 여섯입니다. 그들 모두 사업에 뛰어들었고 그 안에서 나름의 역할을 담당했습니다. 당연히 그룹 경영권에 대한 욕심이 생길 법도 하지요. 심지어 구인회 회장이 타계했을 때 그의 나이는 불과 예순 둘이었고 동생들도 정정할 때였습니다. 하지만 경영권 승계 당시 겉으로 드러난 분란은 전혀 없었습니다. 장손인 조카 구자경에게 그룹의 키를 맡기기로 합의하고 다른 형제들은 일부 사업을 분리해나갔습니다.

GS그룹 얘기도 빼놓을 수 없습니다. 앞부분에서 설명 드렸다시피 구인회 회장이 동업자 허만정 회장의 아들과 함께 럭키 금성을 출범시켰고, 그 동업은 거의 반세기에 걸쳐 이어졌는데요. 허 씨 가문 사람들은 2005년 정유, 건설, 유통 사업 등을 갖고 LG에서 분리해 나와 GS그룹을 세웁니다. 이렇게 오랜 세월 사업을 함께 해온 이들이 큰 사업을 갖고 떨어져 나갔는데도 LG에서는 이렇다 할 잡음이 나오지 않았습니다.

그룹 3세 경영시대에 들어서도 장손 구본무 회장이 그룹의 키를 잡고, 2세 형제들은 조용히 분리해서 LG를 떠났습니다. 이후 구본무 회장의 아들이 불의의 사고로 세상을 떠나자 구 회장은 바로 아랫동생인 희성 그룹 구본능 회장의 장남, 즉 자신의 장조카를 입적시킵니다. 이렇게 해서 현재 LG그룹 구광모 회장이 만 39세의 나이에 회장직에 오르게 되죠.

물론 이렇게 거대한 기업의 후계를 별다른 검증 절차 없이 계

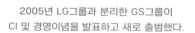

2005년 LG그룹과 분리한 GS그룹이
CI 및 경영이념을 발표하고 새로 출범했다.

속 장남이 물려받는 것이 옳은가에 대한 비판은 있습니다만, 이를 통해 LG그룹 일가가 다툼과 갈등을 피해왔다는 것 또한 분명한 사실입니다. 만약 삼성처럼 후계자에게 거의 모든 사업을 몰아줬다면, LG그룹 소유주일가가 창업자의 형제들이나 동업자들의 몫을 제대로 나눠주지 않았다면, 지금 LG그룹의 규모는 훨씬 더 커졌을지도 모릅니다. LG에서 분리된 기업들을 모두 합치면 자산이든 시가총액이든 LG그룹이 삼성그룹에 이어 재계 서열 2위를 유지할 거라는 이야기도 있으니까요. 아마 LG 가문 사람들도 이렇게 사이좋게 회사를 나누면 그룹 전체의 힘이 약화된다는 것을 모르지 않았을 겁니다. 그럼에도 불구하고 LG가 이런 선택을 해왔던 것은 그들에게 지키고 싶었던 어떤 가치가 있었기 때문은 아닐까요?

만약 LG가 다른 재벌처럼 권력이나 정치도 잘 이용하고, 돈이 되는 사업에는 물불을 가리지 않고 뛰어드는 등 사람들 눈살을 찌푸리게 하는 행보를 보이면서 여기까지 왔다면 어땠을까요? 굴곡진 한국 현대사에서 LG의 외형은 어쩌면 더 커졌을지도 모르겠습니다. 그러나 구본무 회장이 이런 말을 한 적이 있습니다.

"부정한 1등을 하느니, 차라리 2등을 하겠다."

다만 아무리 좋은 가치를 추구하는 기업이라고 하더라도 실적을 내지 못하면 그 가치는 허망한 구호에 불과할 겁니다.

현재 그룹 4세 구광모 회장 시대를 맞이한 LG는 조용하게 움직이면서 승부수를 던지고 있습니다. 2020년 12월 세계 3위 자동차 부품 업체인 캐나다 마그나 인터내셔널과 전기차 부품 합작 법인을 설립한 것이나, 연간 1조 원의 적자를 내던 스마트폰 사업을 철수한 것이 그 일환일 겁니다. 일단 시장에서는 긍정적인 반응이 나오고 있습니다. 앞으로도 LG가 지금처럼 사람들의 관심과 응원을 받을 수 있을지, 또 지금의 주춤한 상황을 이겨내고 정도경영의 원칙을 지키면서도 탁월한 성과를 낼 수 있을지 기대가 되는 대목입니다.

도전과 뚝심이
기적을 만들다

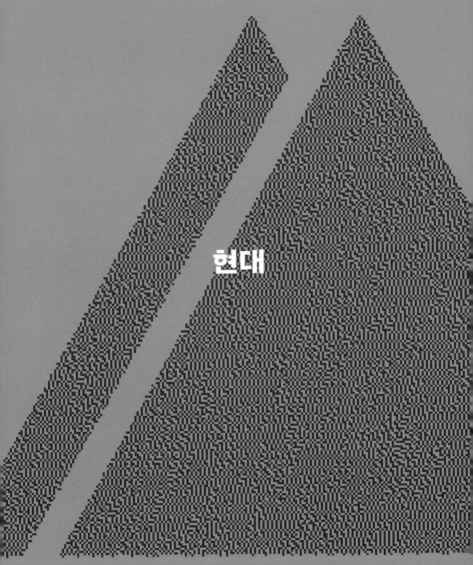

현대

13

현대의 창업주인 정주영 회장은 《포브스》가 선정한 세계 부자 순위 9위에 이름을 올린 적이 있습니다. 삼성 이건희 회장이 2020년 9월 《블룸버그》 기준으로 세계 부자 순위 84위였던 것을 생각하면 9위라는 순위는 엄청나죠. 당시 1위는 빌 게이츠, 2위는 워런 버핏이었습니다.

삼성은 물론이고 LG, SK 같은 재벌가는 원래 집안 자체가 부유했습니다. 초기 사업자금을 집안의 도움으로 마련할 수 있었다는 뜻입니다. 하지만 현대는 가진 것 없이 태어난 창업주가 자수성가해 세계 9위, 국내 1위 재벌까지 올랐던, 그야말로 '개천에서 난 용'의 대표적인 예였죠.

심지어 현대는 인수합병을 꺼리는 경향이 있어서 그런 방법으로는 덩치를 키우지 않았어요. 아예 처음부터 새로 만들고, 전례가 없었던 일을 시도하고, 무모하다고 말리는 사업에 도전하면서 성장해왔습니다. 삼성이 치밀한 계획, 철저한 관리 등으로 유명하다면 현대를 상징하는 건 도전 정신과 뚝심입니다. 아무도 뛰어들지 않는 일에도 나라가 걱정된다면서 도전했어요. 그 덕분에 현대로 인해 아예 도시 하나가 만들어지기도 했고, 실제로 대한민국 지도를 바꾸기도 했습니다.

"일본 사람이 하고 서양 사람이 하는데 우리가 왜 못 해. 해봤어?"라는 말로 유명한, 대한민국 기업가 정신의 상징, '현대 Hyundai'에 대해 알아보겠습니다.

뚝심과 도전의 기업,
현대의 시작

현대가는 자손이 많기로도 유명합니다. 현대그룹 창업주인 정주영 회장에게 동생은 7명, 자녀는 9명이나 있었기 때문인데요. 그 9명의 자녀에 배우자와 손자 손녀, 형제자매의 배우자와 자녀, 다시 또 그 손자 손녀들까지 다 합친다면 가족 행사에 수백 명이 모일 법합니다.

현대가의 수많은 사람들이 맡아 운영하는 회사만 해도, 정주영 창업주의 둘째 아들 정몽구 명예회장과 그의 아들 정의선 회장이 맡은 현대자동차그룹(현대차, 기아차, 모비스, 현대건설, 현대제철, 현대카드, 캐피탈 등), 셋째 정몽근 명예회장과 그 아들 정지선 회장의 현대백화점그룹, 다섯째 정몽헌 회장의 아내 현정은 회장의 현대그룹(현대엘리베이터, 현대아산, 반얀트리클럽앤스파서울 등), 여섯째 정몽준 이사장과 그 아들 정기선 사장의 현대중공업그룹, 일곱째 정몽윤 회장의 현대해상화재보험그룹이 있고, 정주영 회장의 첫째 동생 가문이 일구고 있는 한라그룹, 넷째 동생 가문의 HDC그룹(아이파크의 현대산업개발), 그리고 막냇동생의 KCC그룹 등까지 있으니 일가친척의 숫자만큼 사업의 규모 또한 어마어마합니다.

이렇게 많은 기업을 탄생시킨 창업자의 어렸을 적 꿈은 뭐였을까요? 사업가가 아닌 선생님이나 변호사였다고 합니다. 이유는 단지 부친처럼 찢어지게 가난한 농부로 살기 싫었기 때문이었다고 해요. 성공하기 위해 집을 나와 서울로 올라왔다가 잡혀 오고, 아버지가 소를 팔아 번 돈을 훔쳐서 가출했다가 또 잡혀 오고 그랬답니다. 나중에는 아버지가 가출한 아들을 찾아와 울면서 설득하기도 했습니다. "애야, 서울엔 대학 나온 사람도 많은데 초등학교밖에 못 나온 네가 뭘 할 수 있겠니. 농사나 지으며 살자." 그러나 아들은 그 우는 아버지를 뿌리치고 서울에 정착했고, 결국 모두가 아는 대단한 부자가 되죠.

만약 정주영 회장에게 공부할 여력이 있어서 그가 법률가가 됐거나, 사업을 하다가 다시 아버지 손에 붙들려 고향으로 돌아갔다면 어땠을까요? 현대그룹의 역사는 기록되지 않았을 테고, 한국 경제의 발전사 역시 지금과는 달랐을 겁니다.

앞서 삼성 편에서 이병철 회장은 부잣집 아들로 태어나 젊은 시절엔 음주가무를 즐기며 허송세월했었다고 말씀드렸었는데요. 정주영 회장은 완전히 다른 신세였습니다. 서울의 건설 현장에서 돌을 나르고, 엿 공장에서 일하고, 쌀가게에서 청소하고 배달하고, 장부를 정리하는 등 거의 한순간도 쉬어본 적이 없을 정도로 열심히 일했습니다.

그 시절에 정주영 회장이 어떻게 일했는지 알 수 있는 대목이 있습니다. 그의 자서전 《이 땅에 태어나서》에 이런 글이 있습니다. "요만큼, 요 정도라는 말은 있을 수 없다. 더 하려고 해도 조금도 할 게 없는 마지막의 마지막까지 다하는 최선." 이것은 정주영 회장의 삶을 관통하는 문장이자, 지금의 현대를 만든 핵심이기도 합니다.

정주영 회장은 담배를 피우지 않고, 커피도 마시지 않는 것으로 유명했습니다. "담배, 배도 안 부른데 뭐하러 연기를 뻑뻑 피우냐" "커피, 배도 안 부른데 뭐하러 홀짝홀짝 마시냐"라고 말했다고 합니다. 차라리 그 돈으로 밥을 더 먹고 일을 더 하겠다는 뜻이었어요. 이런 가치관으로 자식들을 교육해서 그런지 현대가의 후손은 다른 재벌보다 검소한 편입니다.

정주영 회장은 젊은 시절에 그렇게 몸이 부서지라 일하면서 돈을 모았습니다. 쌀가게에서 일했을 때는 한 번에 더 많은 쌀을 빠르게 배달하겠다는 일념으로 사흘 밤을 새워 자전거 타는 법을 배웠습니다. 노력을 인정받으면서 월급은 빠르게 올랐고, 배달을 시작한 지 2년 만에 쌀가게 주인으로부터 가게를 인수하지 않겠냐는 제안을 받죠. 그렇게 23살의 청년 정주영은 처음으로 자신의 가게를 차립니다.

하지만 당시는 일제강점기였죠. 조선총독부가 전시체제령을 내리면서 전국에 쌀 배급제가 시행되고, 정주영은 쌀가게 문을 닫을 수밖에 없었어요. 그동안 모아놓은 돈의 일부를 고향 집에 부치고 결혼도 한 정주영은 제2의 사업을 모색하는데요. 그러던 중 자동차 기술자를 알게 됐고, 매물로 나와 있던 '아도 서비스'라는 자동차 수리 공장을 인수합니다.

공장을 열자마자 손님이 몰려들었지만 개업한 지 약 20일 만에 화재 사고가 발생하고 맙니다. 공장을 시작하기 위해 빌린 돈이 전부 날아가고 수리 중인 비싼 자동차가 모두 불에 타버렸죠. 그것까지 전부 보상해야 했으니 정주영 회장이 "아, 이제 나는 망했구나"

하고 주저앉았을까요? 보통 사람 같으면 좌절할 법한 이 상황에서 그는 곧바로 정신을 차립니다. 심지어 공장을 차릴 때 돈을 빌려줬던 정미업자를 찾아가서 한 번만 더 돈을 빌려달라고 부탁해요. 그 정미업자가 뭐라고 답했을까요? "나는 평생 담보 없이 사람만 보고 돈을 빌려줬는데 한 번도 떼인 적이 없다. 그게 내 자랑인데 당신에게 돈을 빌려줬다가 못 받으면 사람 잘못 봐서 돈을 떼였다는 오점이 남는다. 그게 싫다." 그렇게 말하면서 다시 돈을 빌려줬답니다. 정 회장은 그 돈을 발판으로 재기에 성공하고요. 정주영 회장이 정미소를 할 때 철저하게 신용을 지켰기 때문에 가능한 이야기였을 겁니다. 빚 독촉을 할 법한 채권자마저 귀인으로 만든 극적인 이야기입니다.

그러고 보면 대한민국을 대표하는 두 기업이 삼성과 현대라고 할 수 있는데요. 앞서 얘기했듯이 두 창업주의 젊은 시절은 너무도 달랐어요. 하지만 절체절명의 위기 상황, 웬만한 사람이라면 이제 끝이라고 생각할 법한 상황에서는 놀랍도록 비슷한 행보를 보였습니다.

정주영 회장은 1946년에 정비 공장인 현대자동차공업사를 엽니다. 그 이듬해 현대토건, 지금 현대건설의 모태가 되는 회사를 세웠고, 한강에서 제일 오래된 인도교인 한강대교 복구공사를 성공시키죠. 특히 현대토건은 미군정 시기에 미군과 관련한 공사를 거의 도맡다시피 했는데요.《동아일보》외신부 기자 출신인 첫째 동생 정인영 회장이 큰 힘이 됐어요. 영어를 잘하는 사람이 많지 않던 시절에 동생이 외신부 기자 출신이라는 경력을 살려 미 공병대 통역으로 취직하면서 사업적으로 계속 연결됐던 겁니다. 참고로《동아일보》와는 정인영 회장뿐만 아니라 다른 인연도 있는데요. 젊은 나이에 세상을 떠난 다섯째 동생도 《동아일보》 기자였고, 여섯째 아들인 정몽준 이사장의 장남 정기선 사장도 《동아일보》 기자로 사회생활을 시작한 인연이 있습니다.

쌀가게로 시작해 정비소, 그리고 건설회사까지 연달아 성공시켰으니 이 정도면 충분히 먹고살 만하다 했을 겁니다. 하지만 오늘의 현대를 만들었다는 문장 "마지막의 마지막까지 다하는 최선." 현대와 정주영 회장은 남들이 전례가 없는 일이니 하지 말라고 말리는 일에 계속 도전합니다.

건설 현장에 중장비가 필요하니까 아예 중기 공장을 세우고, 건설에 필요한 시멘트가 부족하니까 시멘트 공장을 지어버립니다. 이에 그치지 않고 1968년, 현대건설은 아무도 해본 적 없던 고속도로 공사, 국토의 대동맥이라 불리는 경부고속도로의 첫 구간 공사에 성공합니다. 그리고 발전소, 댐, 압구정동 현대아파트 등을 짓습니다. 지금도 현대건설은 여전히 최고의 건설사 자리를 견고하게 지키고 있습니다(2019년 해외사업 매출 기준 국내 1위 건설사).

무엇보다 '현대'라고 하면 자동차 산업을 빼놓을 수 없죠. 현재 국산 고급 차를 떠올릴 때 현대의 '제네시스'를 꼽는 사람들이 많을 텐데요. 제가 어렸을 때는 성공한 사회인의 상징은 현대의 '그랜저'였습니다. 하지만 현대 차가 처음부터 고급 이미지는 아니었어요. 자전거도 귀한 시절이던 1967년, 정주영 회장의 넷째 동생이 미국의 포드사와 합작해 회사를 세웁니다. 처음엔 불량이 속출해서 불량품

1992년 이후 현대 건설에서 공사 중인 서강대교. 현대건설은
한강에 서강대교, 한강대교를 비롯한 총 13개의 다리를 놓았다.
건너편으로 여의도에 세워진 LG 쌍둥이 타워가 보인다.

을 찍어내는 회사라고 욕을 먹기도 했지만 결국 국산화로 방향을 틀어 1974년 한국 최초의 국산화 모델 '포니'를 생산하고 자동차 국산화의 신화를 쓰기 시작합니다.

그 이후 현대차는 스텔라, 엑셀, 소나타, 그랜저 그리고 제네시스까지 연달아 히트작을 내놓습니다. 1988년에는 수출 100만 대, 2004년엔 수출 1천만 대를 돌파했고요. 1998년 IMF 외환위기 때는 부도난 기아자동차를 인수하며 덩치를 키웠죠. 현대자동차는 훗날 차남 정몽구 회장이 물려받는데요. 그는 처음에 현대자동차 AS 부문을 이끌었고, 1990년대 초반에는 갤로퍼 등 SUV의 성공을 이뤄내며 능력을 입증했습니다.

허허벌판에
조선소를 짓다

현대 하면 정말 유명한 얘기가 있죠? 지금의 울산을 만들었다는, 허허벌판에 조선소를 지은 바로 그 이야기입니다. 정주영 회장은 1960년대에 일본을 방문했을 때 요코하마와 고베 등지에서 조선소를 보고 감동했다고 합니다. 당시 현대가 해외에서 건설 사업을 잘하고 있기는 했지만, 해외가 아닌 국내에서 큰 사업을 일으키고 싶었던 정 회장과 제2차 경제개발 5개년 계획 중에 조선업을 국책사업으로 육성하고자 했던 정부의 의지가 맞아떨어지면서 현대중공업이 태동했습니다.

　하지만 정주영 회장의 이런 포부와 달리 국내에서 조선업을 일으킨다는 계획은 누가 봐도 허무맹랑해 보였습니다. 이때 현대가 가진 것이라곤 조선소를 지을 광대한 부지가 전부였으니까요. 조선소를 짓는 데 들어갈 천문학적인 자본도 없고, 해본 적이 없는 일이니 당연히 기술력이나 노하우도 없었죠. 그래도 일단 자본이 있어야 어떤 시도라도 해볼 수 있었을 텐데요. 정 회장은 일본에서 돈을 빌려보려 했지만 차갑게 거절당했죠. 이어 미국과 접촉했지만 또 거절당합니다. 정주영 회장도 이때는 도저히 안 되겠다는 생각이 들었다고 합니다. 그래서 당시 대통령에게 조선업은 어렵다고 말했을 때, 돌아온 답이 이것이었다고 해요. "정주영 대표가 못 하면 대한민국에 이걸 해낼 수 있는 사람이 누가 있겠습니까?"

　운명이었을까요? 1971년, 정주영 회장은 한번 더 도전해보기로 합니다. 일본과 미국에 거절당했으니 이번에는 영국으로 향했고, 힘들게 기술 협약을 맺는 데 성공합니다. 하지만 기술 협약을 맺었다고 해서 사업자금이 생기는 것은 아니죠. 협약을 맺은 업체에 은행을 소개해달라고 부탁했지만 상대 입장에서는 협약을 맺은 상대가 돈을 빌려야 한다며 은행을 소개해달라고 하니 황당했을 거예요. '뭐지? 사업자금도 없으면서 기술 협약만 맺었다는 말인가?' 싶었을 겁니다. 그래도 현대는 기댈 언덕이 없는 상황에서 밑져야 본전이라는 각오로 부탁했을 것이고요.

　그런데 이런 상황에서 정주영 회장이 기지를 발휘합니다. 당시 정주영 전경련 회장 시절 경제인들과 회동한 사진.
오른쪽부터 이병철 삼성 회장, 정주영 현대 회장, 김용완 경방 창업주.

지갑에 들어 있던 오백 원권(1966년 발행되었던 지폐)을 꺼내 뒷면에 그려진 거북선을 보여주면서 이야기하죠. "이것 보세요. 이게 거북선이라는 겁니다. 우리가 1500년대부터 철갑선을 만든 민족입니다. 당신들은 1800년대부터 하지 않았습니까?" 상대편 담당자가 이 말을 듣더니 웃으면서 추천서를 써주었다고 합니다. 이게 무슨 영화 같은 이야기인가 싶지만 극적인 사건은 이것으로 끝나지 않습니다.

추천서를 한 장 받았다고 은행이 돈을 그냥 빌려줄 리는 만무하죠. 정주영 회장은 협약 업체가 써준 추천서를 들고 영국의 은행을 찾아갔다가 대출을 받으려면 사실상 불가능해 보이는 조건을 충족해야만 한다는 사실을 확인합니다. 은행에서 내건 조건은 '대출을 받으려면 정부위원의 도장을 받아야 한다. 당신들이 우리 은행에서 대출을 받아서 설령 조선소를 만드는 데까지는 성공한다고 하더라도, 잘 알지도 못하는 한국이라는 나라에서 만든 배를 누가 사겠느냐? 만약 배를 살 사람을 구해 오면 도장을 찍어주겠다'였습니다. 실현 불가능한 조건이었죠. 야속해 보여도 은행 측으로서도 어쩔 수 없는 일이었을 겁니다. 반면 현대로서는 산 넘어 산, '여기까지가 끝인가 보오'와 같은 상황이었을 테고요.

그런데 여기에서 또 기적 같은 일이 일어나요. 현대가 조선소를 지어 배를 만들면 그 배를 사겠다는 사람을 찾아온 겁니다. 황량한 울산 미포만 조선소 부지 사진, 울산 지도, 배 설계도만 달랑 들고 간 현대와 계약을 맺어준 이는 선박왕 아리스토틀 오나시스의 처남 리바노스George Livanos였습니다. 정주영 회장이 '나보다 더 미친 사람'

이라고 했다는, 그리스 선사 '선 엔터프라이즈'의 회장입니다. 참고로 당시 30대 중반이었던 리바노스는 2021년 현재 80대 후반이 되었고, 현대와의 인연을 지금도 이어가고 있다고 합니다. 현대가와 리바노스의 인연이 3대째 이어져 내려오는 것이지요.

현대가 조선업을 일으킨 과정을 보면 정말 기적의 연속이라고 할 수 있습니다. 우리가 지금은 조선소가 없고 지어본 적도 없지만 곧 지을 거다. 조선소가 없으니 당연히 배도 없지만 곧 만들 거다. 그러니까 우리가 '지을' 조선소에서 '만들' 배를 '지금' 계약해달라. 이런 식으로 정말 말도 안 되는 일인데, 이게 실제로 성사된 거예요.

결국 현대는 이 계약을 성공시키면서 무사히 돈을 빌렸고, 불과 2년 3개월 만인 1974년 봄, 현대건설에서 울산을 배경으로 조선소를 완공합니다. 그리고 동시에 초대형 유조선 건조에도 성공했는데요. 이것도 좀 이상하지 않나요? 상식적으로 조선소를 만든 다음에 배를 만드는 게 정상이잖아요. 그 과정은 이렇습니다. 정주영 회장이 조선소를 다 만들어놓고 배 만들라는 법이 어디 있냐며 도크(조선소나 항만 등에서 선박을 건조·수리하기 위한 시설)를 파내는 동안 밖에서 배 일부분을 조립하고, 도크가 어느 정도 완성되면 작업 중인 선박의 일부를 도크에 가져가고, 남은 부분을 또 만들어 이어붙이는 식으로 진행되도록 지시한 겁니다. 그러다 보니 조선소가 완공됐을 때 동시에 배도 나올 수 있었던 거고요. 이렇게 일구어낸 현대중공업은 여섯째 아들 정몽준 이사장이 물려받았고, 현재까지도 세계 최고의 조선사라는 위치를 지키고 있습니다.

2017년 울산 상공에서 찍은 현대중공업 조선소(위). 울산에는
세계적인 큰 규모의 자동차 조립 공장, 정유소, 조선소가 있다. 울산의
현대중공업 조선소에서 건조 중인 선박들(아래). 1974년에 조선소를
세운 이래 현대의 조선 기술은 세계 최고로 인정받고 있다.

현대가 일군 또 다른 성과,
88 서울올림픽과 2002 월드컵

한국을 바꿔놓은 세계 최대의 스포츠 축제가 두 번 있었죠. 1988년 서울올림픽과 2002년 월드컵인데, 이것도 현대와 밀접한 연관이 있습니다. 만약 현대가 없었다면 두 대회 모두 우리나라에서 개최하지 못했을 거라는 평가가 지배적이니까요. 두 대회 모두 개최지 선정을 두고 일본과 치열한 경쟁을 벌였던 것은 잘 알려진 사실입니다. 1980년대를 생각해보면 일본은 경제 규모가 세계 5위 안에 드는 선진국이었고, 한국은 보잘것없는 변방의 나라에 불과했으니 다들 가망이 없다고, 무모한 도전에 힘 낭비하지 말자고 하던 상황이었습니다.

우선 당시 전경련 회장이던 정주영 회장이 올림픽 유치위원장을 맡습니다. 서울의 경쟁 상대는 일본 나고야였고요. 일각에선 정부가 개최지 선정에서 떨어져도 책임지기 싫으니까 정 회장한테 떠넘긴 것과 다름없다는 말이 나돌 정도였습니다. 하지만 정주영 회장은 불리한 상황에서도 포기하지 않습니다.

그는 이런 얘기를 합니다. "우리는 어떤 난관도 돌파할 수 있는 민족이다. 인간의 정신력은 계량할 수 없는 무한한 힘을 가졌다." 이 같은 정신력과 "더 하려고 해도 더 할 게 없는 마지막의 마지막까지 다하는 최선"의 태도가 또 다른 기적을 불러옵니다.

일단 그는 각국에 나가 있는 현대 주재원들에게 그 나라 IOC 위원들의 성향을 파악하라고 지시합니다. 각 위원이 좋아하는 건 뭔지, 취향은 어떤지 등에 관한 조사였죠. 그 자료를 바탕으로 개인별 맞춤 공략을 시작합니다. 그리고 개최지 선정 열흘 정도를 남기고 직접 IOC 총회가 열리는 독일로 날아가, 한국 홍보관을 만들어 영상 홍보를 시작했어요. 일본이 당연히 개최국은 자국이 될 거로 생각하고 사진만으로 홍보하는 것을 보고 생각해낸 아이디어였습니다. 전쟁으로 인해 폐허가 된 서울이 다시 일어나는 과정과 발전된 모습이 담긴 이 영상 덕분에 서울 홍보관은 일본보다 훨씬 더 많은 사람이 모여들었습니다.

정주영 회장은 이 모든 것을 사비를 털어서 진행했을 뿐만 아니라 그 일에 아들, 며느리, 현대의 독일 지사 직원들까지 전부 동원합니다. IOC 위원을 따라다니며 계속 식사 자리를 만들어 대접하면서 설득하고요. 위원들이 머무는 호텔 방 앞에 장미 꽃바구니를 두어서 그 배우자들에게 감동을 주기도 했죠. 이렇게 '마지막의 마지막까지 최선'을 다하다가 결국 다가온 결전의 날 1981년 9월 30일, 독일 바덴바덴. 모두가 알다시피 서울이 1988년 올림픽 개최지로 선정됐죠. 88서울올림픽은 대한민국을 전 세계에 알리는 계기가 됐을 뿐만 아니라 한국 사회를 완전히 바꿔놓았다는 평가를 받습니다.

2002년 월드컵은 또 어땠을까요? 당시 FIFA 회장이 노골적으로 일본을 지지했어요. 공식적인 자리에서 본인은 휴가도 일본으로 간다는 식의 얘기를 하기도 했고요. 하지만 당시 FIFA는 정주영 회장의 아들 정몽준이 부회장을 맡고 있었죠. 이번에도 전 세계의 현대 사람들이 발로 뛰었고, 치열한 경쟁 끝에 사상 최초 월드컵 공동 개최가 결정됐습니다. 유치전에도 먼저 뛰어들었고, 당연히 단독 개최할 줄 알았던 일본으로서는 사실상 패배에 가까운 결과였습니다. 결승전을 내주는 대신 '2002 FIFA 월드컵 코리아 저팬'이라는 명칭, 조 추첨식, 그리고 3·4위전을 우리가 가져왔는데, 한국이 4강에 들고 결승 진출을 못 하면서 드라마틱한 장면이 연출됐습니다. 당시 2002 월드컵이 한국에 불어넣은 활기는 엄청났죠.

　이 밖에도 현대 패밀리 구단주만 세 명이 있는 K리그(울산 현대, 전북 현대모터스, 부산 아이파크)를 비롯해 현대제철이 후원하는 양궁 등을 생각하면 대한민국 스포츠 역사에서 현대라는 이름을 빼놓을 수 없습니다.

정주영 회장 사후의 현대

사람이 최선의 최선을 다한다고 해도 어쩔 수 없는 게 있습니다. 그중 하나가 인간의 생로병사일 겁니다. 서울대학교 법과대학을 졸업하고《동아일보》기자로 일하다, 독일에 유학을 가서 경제학 박사 과정을 밟고 있던 다섯째 동생 정신영 씨가 1962년 봄, 서른두 살의 젊은 나이에 병으로 세상을 떠납니다. 초졸 학력이 전부였던 정 회장의 큰 위안이자 자랑이었던 동생을 떠나보내고 정주영 회장은 그 충격으로 열흘 동안 출근도 못 하고 계속 울었다고 합니다. 평생 밤낮없이 일했던 정주영 회장이 그렇게 오랫동안 쉰 건 그때가 처음이자 마지막이었죠. 정주영 회장은 자서전에서 "좋아한다는 것도, 기대가 크다는 것도, 자랑스러워한다는 것도, 한 번도 말하거나 표현하지 못했던 게 평생 후회된다"라고 했습니다. 이후 1982년엔 장남 정몽필 씨가 교통사고로 숨졌고, 1990년엔 넷째 아들 정몽우 씨가 세상을 떠났습니다.

정주영 회장은 1992년에 정치 참여를 선언하고 통일국민당을 창당해서 31명의 국회의원을 냅니다. 하지만 그해 말 대선에 도전했을 때는 16.3퍼센트의 득표율로 3위에 그쳤습니다. 그리고 정치에 도전한 괘씸죄로, 이후 현대그룹이 어려움을 겪었다는 이야기는 널리 알려져 있죠. 대를 이어서도 대권 도전은 계속됐지만 결국 현대가 아닌 현대의 직원 출신 중에서 대통령이 나온 점이 아이러니합니다.

세월이 흘러 2001년, 정주영 회장은 향년 85세를 일기로 타계합니다. 한국 현대사의 굴곡 속에서 수많은 업적을 남겼고 시련을 겪었던 거인. 그 파고 속에서 대한민국의 대표 기업을 이끌었던 그에 대한 평가는 다양할 겁니다. 하지만 그가 별세하기 1년여 전 새 밀레니엄을 맞아, 당시로서는 신생 인터넷 매체였던 언론과 가졌던 인터뷰만 보더라도, 기업가로서 정주영 회장이 지녔던 안목과 의지를 부인할 수 있는 사람은 거의 없으리라 생각합니다.

"나는 최근의 인터넷 소용돌이가 세상의 변화 과정에서 커다란 전환점에 해당한다는 점을, 평생 쌓아온 사업가적 안목으로 분명히 인식한다. 천부적인 사냥꾼은 큰 짐승이 다니는 길목을 알고 홀

륭한 어부는 물고기 떼의 흐름을 잡아내듯이, 뛰어난 사업가라면 새
천년의 화두를 인터넷에서 찾아야 할 것이다."

— 2000년 1월 1일 《머니투데이》 인터뷰 중에서

하지만 정주영 회장 이후 현대는 흔들리기 시작합니다. 2003년
에는 형과 그룹 주도권을 두고 이른바 '왕자의 난'이라고 불리던 다
툼을 벌인 끝에 그룹 회장에 올랐던 다섯째 정몽헌 회장이 숨지는 일
이 있었습니다. 막내아들을 향한 '너와 시간을 많이 보내지 못한 것
이 후회스럽구나'라는 내용을 담은 유서는 많은 이들의 가슴을 울렸
죠. 그 후 정몽헌 회장에게 물려줬던 그룹의 모태, 현대건설뿐만 아
니라 반도체를 만들어 세계 최우량 기업으로 키우겠다던 현대전자
마저 남의 손에 넘어갔고요. 1천 마리 넘는 소 떼를 직접 몰고 가면
서까지 열정을 다했던 금강산 관광, 개성공단 사업 등 대북사업도 어
그러졌습니다. 현대는 왕자의 난 이후 재계 서열 1위 자리를 삼성그
룹에 내줬고, 자동차, 중공업 등을 맡아 한 그룹에 속해 있던 정주영
회장의 자제와 형제들도 각자 뿔뿔이 흩어지고 말았습니다.

하지만 현대와 현대가 사람들이 오래 주저앉아 있지만은 않았
습니다. 일단 부친의 뚝심을 이어받은 둘째 정몽구 명예회장의 현대
자동차그룹은 제철 사업을 일으켰습니다. 자동차와 관련된 모든 것
을 직접 만들고 싶어 했던 정주영 회장의 이루지 못한 꿈을 아들이
결국 이뤄낸 셈입니다. 또 채권단에 넘어갔던 그룹의 모태, 현대건설
도 되찾아와 살려냈고요. 현대그룹에서 분리된 지 약 20년 만에 현

대차그룹은 매출을 10배 가까이 키우면서 이제 현대가의 대표선수로 자리매김했습니다.

정주영 회장의 장손, 정의선 회장이 전면에 나선 현대차그룹은 2021년 1분기 도요타, 폭스바겐 등에 이어 판매량 기준 세계 4대 자동차 업체가 됐습니다. 순수 전기차 판매량에서는 세계 2위까지도 넘볼 수 있다는 전망이 나옵니다. 그래서 2021년 2월 현재 '협의를 하고 있지 않다'는 식의 공시가 나왔음에도 불구하고 그 까다로운 애플이 만드는 자율주행차의 협력 상대로 계속 현대차그룹이 꼽히고 있는 것이겠죠.

기적처럼 만들어낸 현대중공업도 길고 긴 조선의 불황을 견뎌내면서 여전히 굳건하게 자리를 지키고 있고, 현대백화점, 현대해상, KCC, 한라 등 다른 자제들과 형제들의 기업도 여전히 건재합니다.

앞에서 서울로 도망간 아들을 붙잡고, 배움이 짧으니 서울에 가지 말고 농사 지으면서 살자고 했던 정주영 회장의 부친에 대한 일화를 말씀드렸었죠? 정주영 회장은 나중에 자신의 아버지 영전에 큰 선물을 올립니다. 서해안 천수만을 메워서 여의도 33배 넓이의 서산 간척지를 만든 겁니다. 정 회장은 말년에 초록의 벼로 뒤덮인 그 서산 농장을 바라보며 "손톱이 빠지도록 돌밭을 일궈 한 뼘 한 뼘 농토를 만들던, 가난한 농부로 살아온 아버지 인생에 그 농장을 꼭 바치고 싶었다"라고 얘기했습니다.

이 책을 읽는 독자 중에서 배움이 짧아서 안 된다고, 가난해서 불가능하다고, 지금 같은 시대에는 뭐든 어렵다고 생각하는 사람들

2021년, 서울 현대건설 본사 로비에서
아산 정주영 20주기 추모 사진전이 열렸다.

이 있을지도 모르겠습니다. 혹시 그렇게 생각한다면 마지막으로 정주영 회장이 남긴 이 이야기를 전하고 싶습니다.

"기적은 없다, 다만 성실하고 지혜로운 노동이 있을 뿐이다. 실수 때문에 모든 것을 포기해서는 안 된다. 일에는 늙음이 없다. 내 후대는 앞으로 나보다 더 나아질 것이고 또 그래야만 한다."

그리고 저 역시 이 문장을 꼭 마음에 두려고 합니다.

"'요만큼, 요정도'라는 말은 있을 수 없다. 더 하려고 해도 더 할 게 없는 마지막의 마지막까지 다하는 최선."

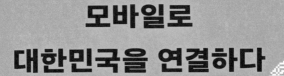

모바일로
대한민국을 연결하다

카카오

14

이 기업의 창업자는 학교를 마치고 삼성에 입사해 잘나가다가 제 발로 직장을 뛰쳐나와 직접 PC방을 차리고, 창업에 연달아 성공한 독특한 이력이 있습니다. 소위 '흙수저' 출신이었던 그는 이 과정을 거치면서 현재 보유한 상장사 주식 기준으로 삼성전자 이재용 부회장을 넘어 국내 부자 1, 2위를 다툴 정도로 성공했죠. PC에서 모바일 시대로 넘어가는 변화의 바람을 누구보다 잘 타고 올라 질주하면서 성공을 움켜쥔 기업, 사람들을 모으고 연결하자는 창업자의 목표가 실현됐을 뿐만 아니라, 이제는 한국인의 일상을 지배하게 된 기업, '카카오kakao'입니다.

PC방에서 잉태된
카카오의 꿈

스마트폰 없는 세상을 상상할 수 없는 요즘, 카카오는 현재 대한민국에서 남녀노소를 불문하고 사람들에게 가장 친숙한 회사가 아닐까요? 대한민국 모바일 생태계를 카카오가 주름잡고 있기 때문이죠. 당장 카카오톡이 없다면 어떨까요? 카카오뱅크도 없고 선물 주고받기도 없고, 카카오 택시도 없고, 멜론도 없고, 포털 다음도 없다면 어떨까요? 이미 카카오의 수많은 서비스에 익숙해진 한국인은 불편해서 견딜 수 없을 겁니다. 어쩌면 스마트폰의 사용 시간 자체가 크게 줄어들지도 모르겠습니다.

카카오의 서비스 대부분은 카카오톡을 기반으로 운영되는데, 이 카카오톡은 2018년 기준으로 국내 모바일 메신저 시장의 96퍼센트를 차지하죠. 놀라운 것은 카카오가 한국인의 삶에 이토록 깊숙이 침투하기까지 걸린 시간이 불과 10년밖에 안 됐다는 사실입니다. 단 10년 만에 카카오는 시가총액 10위 기업으로 성장했고요(2020년 12월 30일 기준). 이 과정에서 카카오를 창업하고 카카오 주식 약 26퍼센트를 보유한 김범수 창업자의 지분 평가액은 9조 원에 달하며 그는 대한민국 최고 부자가 됐습니다(2020년 12월 기준). 삼성, LG, 롯데 등 전통적으로 '재벌'이라 불리는 이들보다 오히려 큰 부를 거머쥔 셈입니다. 다른 대기업에 비해 상대적으로 단기간에 놀라운 성장을 거듭한 카카오는 대체 어떻게 여기까지 올 수 있었을까요?

카카오의 역사에서 우리가 기억해야 할 핵심 문장은 이것입니다. "사람들을 모은다. 그들을 연결한다. 그러면 큰돈을 벌 기회가 생긴다." 이 세 문장이야말로 카카오의 눈부신 성장을 관통하는 중심이라고 할 수 있습니다.

참고로 김범수 창업자는 서울대학교 86학번인데요. 숙명의 라이벌이라고 평가받는 네이버 창업자 이해진 글로벌 투자책임자GIO 역시 같은 해 서울대학교 공과대학에 입학했습니다. 넥슨을 만든 김정주 회장, 엔씨소프트의 김택진 대표는 각각 서울대학교 86, 85학번이고 다음의 이재웅 창업자는 연세대학교 86학번입니다. 비슷한 업종으로 큰 성공을 거둔 이들이 같은 시기에 대학 생활을 했다는 공통점이 있는데, 1980년대 중반은 PC가 한국에 막 보급된 시점이라는 특징이 있습니다. 기존의 패러다임이 바뀌면서 새로운 기회의 창이 열리는 시기였죠. 김범수를 비롯한 창업자들은 변화의 시작을 누구보다 먼저 알아보고 거기에 베팅한 사람들이었습니다.

PC가 한국에 보급되면서 정말 많은 것이 바뀌었습니다. 여기에 PC통신이 더해지면서 온라인 문화가 생겼고요. 당시 대학원생이었던 김범수는 후배 집에 놀러 가서 PC통신을 처음 접하고 세상이 변하고 있음을 충격적으로 느꼈다고 합니다. 이 때문에 그의 석사 논문 주제도 PC통신이었는데요. 너무 앞서 나갔던 걸까요? 기대와 달리 좋은 평가를 받기는커녕 논문의 주제가 너무 세속적이라는 쓴소리를 들었다고 합니다. 하지만 컴퓨터에 마음을 빼앗긴 대학원생 김범수는 컴퓨터를 마음껏 다뤄볼 수 있는 곳에 취직하기로 마음먹고 1992년 삼성 SDS에 입사합니다.

공교롭게도 훗날 네이버 창업자가 되는 이해진 역시 같은 해에 삼성 SDS에 입사했는데요. 같은 학교, 같은 회사를 같은 시기에 들어갔지만 두 사람의 가정형편은 매우 달랐습니다. 이해진은 아버지가 삼성 계열사 대표를 지낼 만큼 넉넉한 집에서 자랐지만 김범수는 집안 형편이 어려워서 여덟 식구가 단칸방에서 살았다고 합니다. 5남매 중에 고등학교를 졸업하고 대학에 간 사람도 자신밖에 없었다고 하죠.

가난한 환경에서 자라 대학 교육을 마친 뒤에 대한민국 최고의 대기업에 입사했다면 안정을 좇아 생활하겠다고 생각했을 법도 한데요. 김범수는 남들과 달랐습니다. 1997년 말에서 1998년 초, IMF 외환위기를 맞아 수많은 직장인이 회사에서 쫓겨나고 취직도 어렵던 그 시기에 잘 다니고 있던 삼성을 그만둡니다. 그리고 게임회사를 창업했다는 소문이 들리는가 싶더니 갑자기 PC방을 차렸죠. 한양대학교 앞에 국내 최대 규모의 PC방 '미션넘버원'을 만들고 PC방 사장님이 된 겁니다.

사연은 이렇습니다. 삼성을 나온 김범수가 게임회사를 창업했던 것은 맞습니다. 하지만 처음부터 게임 개발과 판매로 돈을 끌어모을 수는 없기 때문에 게임 개발을 계속하기 위한 자금이 필요했던 김범수가 선택한 것이 바로 PC방이었습니다. 그는 PC방을 운영해 돈을 벌면서 PC방 구석 자리에서 게임 개발을 이어 나갑니다. 게임을 개발하려면 어차피 컴퓨터 장비도 필요하고 인터넷망도 깔아야

1998년 7월 1일부터 천리안에서 서비스 예정을 알렸던 《조선일보》 기사 사진이다.

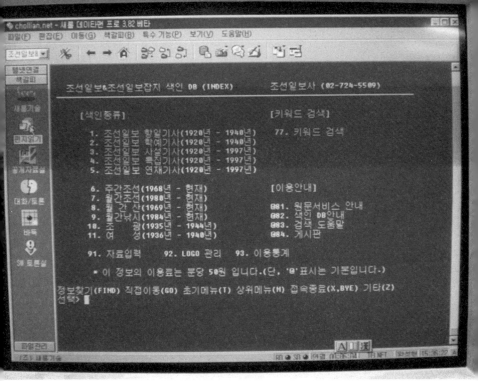

사진 ⓒ조선일보

하는데, PC방을 차리면 영업과 동시에 게임도 만들 수 있다는 노림수가 있었던 거죠. 그리고 이 승부수는 기대 이상의 효과를 발휘합니다.

그 당시는 전설의 게임인 '스타크래프트'가 유행하면서 전국 곳곳에 PC방이 생기던 때였어요. 김범수는 PC방을 직접 운영해보니 체계적인 관리시스템이 필요하다고 생각했고, 직접 PC방 관리 프로그램을 만들어냅니다. 그리고 이 프로그램을 전국 PC방에 판매하면서 적지 않은 수입을 거두죠.

요즘에는 작은 PC방에서도 대부분 무인 키오스크를 통해 주문을 받지만 초창기에는 그런 시스템이 없었습니다. 손님이 입장하는 시각, 자리에 앉아 먹는 간식 등을 하나하나 손으로 기록한 다음 손님이 퇴장할 때 이용 요금을 받는 방식이었죠. 일 자체가 번거로웠고, 이용 요금을 안 내고 도망가는 손님도 있고, 회계처리도 정확하지 않았죠. 그런데 어느 순간 각자의 자리에서 컴퓨터를 켜면 관리자가 한눈에 손님의 위치, 접속 시간을 확인할 수 있고, 손님은 간식이나 필요한 것을 자기 자리에서 주문할 수 있는 방식이 도입됐어요. 바로 이러한 프로그램을 맨 처음 전국 PC방에 확산시킨 주역이 바로 김범수입니다. 이 프로그램 덕분에 김범수는 자금 문제를 일부 해결하면서 게임을 계속 개발할 수 있었습니다.

그리고 1999년, 드디어 게임 사이트를 출범시키죠. 그리고 신의 한 수를 띄웁니다. 이전까지 유료로 판매하던 PC방 관리 프로그램을 무료로 설치해주는 대신, PC방 컴퓨터 바탕화면에 자신이 만든 게임 사이트를 뜨도록 만든 겁니다. PC방 점주로선 거절할 이유가 없었겠죠.

손님들은 어땠을까요? PC방에 앉아서 컴퓨터를 켜면 클릭하지도 않았는데 초기 화면에 게임 사이트가 떠 있으니 호기심에라도 접속해보는 이들이 늘어날 수밖에 없었죠. 게다가 이 사이트는 기존 게임들과 달리 복잡한 프로그램 설치 과정도 필요 없이 바로 게임을 시작할 수 있게 되어 있었어요. 이 사이트가 바로 테트리스, 고스톱, 장기, 바둑 열풍을 일으킨 전설의 '한게임'입니다. 한게임은 불과 3개월 만에 회원 100만 명을 모았죠.

사람들을 모으고 연결한다
그러면 기회가 생긴다

극적인 성공담이라고 할 수 있습니다만, 사실 제가 가장 궁금했던 부분은 따로 있었습니다. 김범수 창업자가 어떻게 IMF 외환위기라는 최악의 경제 위기로 사회 전체가 불안정하던 시기에 삼성이라는 대기업을 스스로 그만두는 결정을 내릴 수 있었을까 하는 점입니다. 앞에서 언급했듯이 넉넉하지 않은 형편에서 자라 안정적인 직장을 잘 다니고 있었고, 심지어 결혼하고 아이가 태어난 지도 얼마 안 된 시점에 말입니다.

어렸을 때부터 사업하는 것이 꿈이었기 때문이었을까요? 아닙니다. 사업은 생각해본 적도 없었답니다. 회사에서의 입지가 불안했던 것일까요? 그것도 아닙니다. 충분히 인정받고 있었다고 하죠. 그렇다면 도대체 무엇이 그를 도전으로 이끌었던 것일까요?

아마도 김범수가 다가올 미래의 모습을 먼저 보았기 때문이 아닐까요? 삼성에서 PC통신 업무를 맡으면서 인터넷의 시작을 보았고, 미국에서 야후Yahoo와 같은 포털 사이트가 성공하는 것을 목격하면서 깨달았던 겁니다. 사람들을 모으면 반드시 돈을 벌 기회가 생긴다는 것을요. 그리고 또 하나의 우연한 사건이 필연으로 작동하기도 했습니다. 회사를 그만두기 직전 김범수 창업자의 아내가 어떤 세미나에 그를 데리고 갔는데, 그곳에서 강사가 당신의 꿈은 무엇이냐고 자꾸 물었답니다. 10년 뒤 모습을 상상해보라면서요. 이때 김범수 창업자는 10년 뒤 자신의 모습에 대한 뚜렷한 청사진을 그리기가 힘들었다고 하는데요. '꿈? 글쎄, 딱히 별로 없는데. 삼성 임원이 되면 좋을까?' 하지만 자신이 바라본 삼성 임원의 삶은 너무 피곤해 보였다고 합니다. 이러한 과정을 통해 결심을 굳히지 않았을까요? '이럴 거면 차라리 내 사업을 하자.'

그런데 왜 하필 게임이었을까요? 이것도 삼성에서의 업무 경험에서 힌트를 얻었다는데요. PC통신 업무를 하면서 사람들을 모으는 데는 게임이 최고라는 경험을 했던 것이죠. 그러면 어떤 게임을 만들어야 할까? 실패할 위험이 큰 새로운 게임을 만드는 것이 아니라 수백 년 이상 인간사회에서 검증된 포커, 고스톱, 바둑, 장기로 승부를 보자는 생각이 들었답니다. 이 정도면 리스크는 최대한 줄이면서도 자신이 충분히 만들어볼 수 있겠다는 결론을 내렸던 거죠.

산업혁명 시대나 컴퓨터의 시대가 시작될 때처럼 인터넷 시대라는 새로운 기회의 창이 열렸음을 남들보다 먼저 알아챘고, 생각을 실제 행동으로 옮겼고, 현실적으로 시도할 만한 수단과 방법을 모색한, 준비된 창업자 김범수에게 성공이 벼락같이 다가온 겁니다.

그런데 성공의 속도가 너무 빨랐던 길까요? 문제가 발생하기 시작합니다. 너무 많은 이들이 한게임을 이용하다보니 서버가 감당하지 못 하는 지경에까지 이른 것이죠. 그리고 바로 운명의 갈림길에서 김범수는 입학과 입사를 함께 했던 동기, 숙명의 라이벌 네이버 이해진 창업자와 다시 마주칩니다.

당시 이해진은 검색 기술에 집중한 사이트 네이버를 만들면서 삼성 사내 벤처에서 독립하고 꽤 많은 투자를 받았을 때였습니다. 독립 직후 상당한 투자금을 유치해 자금도 어느 정도 여유가 있는 상황이었고요. 그런데 지금은 상상하기 어렵지만 2000년대 초반까지만 해도 네이버는 그 당시 압도적인 1위 포털사이트였던 다음, 그리고 야후 등에 밀려 업계 4, 5위 수준에 머물러 있었습니다. 반면에 한게임은 이용자 수는 많은데 돈이 부족했고요. 한쪽의 약점이 다른 쪽의 강점이었던 겁니다. 고민을 나누던 두 사람이 손을 맞잡습니다. 2000년 4월, 한게임과 네이버를 합병해 NHN을 탄생시킨 거죠.

두 회사의 합병으로 서로의 약점을 보완하게 된 NHN은 한게임 부분 유료화에 성공하며 승승장구합니다. 한게임이 수익을 내기 시작하면서 안정을 찾은 네이버는 마침내 2004년, 다음을 꺾고 포털 사이트 1위에 등극했고요. 이렇게 계속 사업이 성장하면서 탄탄대로를 걷던 2007년, 김범수 창업자가 돌연 회사를 떠났는데요. 두 창업자 사이에 불화가 있었다는 설도 돌았지만 김범수 창업자는 사업을 시작하고 10년 동안 죽도록 일만 했으니 이제 가족과 시간을 보내고 싶다며 미국으로 간다는 이유를 들었죠. 야인이 된 김범수의 손에는 그동안 매각한 주식과 당시 보유하고 있던 지분 가치를 따져볼 때 최소한 3천억 원 이상이 들려 있었을 것으로 추정됩니다.

그렇게 회사를 떠난 김범수는 실제로 미국에서 아이들과 함께 시간을 보내며 잘 쉬었다고 하는데, 그 시기에 과거 PC통신을 처음 봤을 때처럼 다시 충격받는 일이 생깁니다. 2007년, 애플이 아이폰을 출시하는 역사적 사건을 미국 현지에서 접한 것이죠. 아이폰의 등장은 또 다른 문이 열리는 순간이나 마찬가지였습니다. PC를 쓰는 웹의 세상에서 스마트폰 기반의 모바일 세상이 열리는 기회의 창 말입니다. 그리고 이 새로운 세계에 뛰어들어야 한다는 것을 직감한 김범수는 평생 놀기만 해도 다 쓰기 어려울 정도의 거액을 걸고 다시 사업에 뛰어들기로 합니다. 시대의 승부사, 야인 김범수가 돌아온 겁니다.

모바일 메신저의 일인자,
카카오톡 출시와 논란

김범수 창업자는 몇 번의 시행착오(부루닷컴, 위지아닷컴)를 거친 다음 2010년 초 카카오톡을 출시했는데요. 지금 젊은 세대는 상상할 수 없을지 모르지만 당시만 해도 휴대전화를 쓸 때 통화와 문자 요금을 걱정해야 했죠. 요금제에 따라 다르지만 보통 무료 문자 100건을 쓴 다음부터는 문자 한 통에 15~20원씩, 사진 등이 포함된 문자는 한 건당 50~100원의 요금을 내야 했습니다. 이런 시절에 메시지의 수가 얼마가 되든, 용량이 얼마든 간에 무료로 주고받을 수 있는 카카오톡이 출시된 겁니다. 당연히 사람들이 열광할 수밖에 없었어요. 카카오톡은 출시 1년 반 만에 회원 수 1천만 명을 돌파하고, 3년 반 만에 1억 명을 모으는 데 성공합니다.

하지만 카카오톡을 통해 사람을 모으는 데까지는 성공했지만 사람이 모인다고 곧바로 수익이 따라오지는 않았습니다. 수익 모델을 찾아야 하는데 그때까지만 해도 게임 말고는 돈이 되는 게 별로 없었어요. 게다가 여러 잡음도 생겨납니다. 우선 문자메시지와 통화 요금으로 많은 수익을 올리던 이동통신사들로서는 카카오톡이 반가울 리 없죠. 보이스톡과 같은 서비스를 제한하면서 카카오톡이 데이터를 많이 사용하니 돈을 더 내라는 식으로 압박을 가했습니다. 카카오톡으로선 골치 아픈 문제였습니다.

검열 관련 논란도 있었습니다. 사실 거의 모든 국민이 온종일

카카오톡이 성공하면서 제공하는 서비스가 다채로워졌다.
게임뿐 아니라 음악, 쇼핑, 은행 서비스 등으로 수익도 내기 시작했다.

이용하는 카카오톡의 서버가 털리면 사생활이 노출될 수밖에 없죠. 그런데 카카오톡이 외국 기업들과 달리 수사기관에서 요청하면 자꾸 자료를 내주니 이용자들의 불안과 불만은 확산했죠. 카카오 택시도 기존의 택시업체와 갈등을 일으켰습니다. '결국 수수료를 떼가는 거 아니냐' '왜 갑자기 카풀을 하겠다고 난리냐' 등의 논란이 일어나면서 택시 운행 중단 사태가 벌어졌습니다.

카카오는 이렇게 수많은 난관을 어떻게 이겨냈을까요? 비결이라고 하기에는 단순하지만 '버티기'로 응대했어요. 금세 나가떨어질 줄 알았던 카카오가 거대 이동통신사들에 물러서지 않았고, 검열을 요구하는 수사기관과 정부에도 맞서기 시작합니다. "고객 개인정보를 바로 못 내줍니다." "대화 내용은 며칠 있으면 삭제합니다." 이런 식으로 정부의 요구사항에 맞선 것이죠. 택시 업계와 문제가 생겼을 때는 택시회사를 아예 사버립니다. 불만이 자꾸 불거지니 호출해주고 연결해주는 것을 넘어 아예 택시회사를 직접 운영하겠다는 것이었죠.

카카오톡이 이렇게 배짱을 부릴 수 있었던 이유는 무엇보다 수많은 이용자가 있었기 때문입니다. 카카오톡이 없으면 일상이 불편하고 소통에 차질이 생기는 수많은 대한민국 국민이 카카오톡의 든든한 뒷배가 된 셈입니다.

이렇게 거의 전 국민을 후원자로 두면서 대응한 카카오톡은 그사이 조금씩 사업을 다각화합니다. 게임뿐만 아니라 음악, 쇼핑, 은행 서비스 등을 차례로 오픈하면서 수익을 내기 시작하죠. 특히 카카오뱅크는 서비스 개시 이전에 팽배했던 우려를 불식하고 출범 2년 만에 1천만 고객을 유치하면서 폭발적으로 성장했고, 기존 대형 은행들을 위협할 만큼 커졌습니다. 다만 이 과정에서 네이버처럼 카카오 역시 문어발식 확장을 한다거나 국내 시장 점령에만 집중하는 게 아쉽다는 비판을 듣기도 합니다.

카카오와 다음,
거대 공룡의 합체

카카오를 이야기할 때 빼놓을 수 없는 것은 2014년에 있었던 다음커뮤니케이션과의 합병 건입니다. 이재웅 창업자가 만든 다음은 무료 이메일과 카페 서비스로 돌풍을 일으키며 한때 대한민국 인터넷 업계를 대표했던 기업이었죠. 그랬던 다음이 네이버에 역전당한 뒤 좀처럼 격차를 좁히지 못하더니 뒤늦게 등장한 카카오에 흡수된 일입니다. 국내 모바일 메신저 시장을 꽉 잡고 있는 카카오로서는 국내 2위 포털 다음이 가진 콘텐츠를 얻을 수 있는 거래이기도 했지만, 무엇보다 상장사였던 다음과의 합병을 통해 우회상장을 할 수 있는 기회이기도 했습니다. 단숨에 합병된 회사의 최대 주주로 등극한 김범수 창업자는 합병 이후 35세에 불과했던 임지훈 씨를 카카오의 대표로 발탁하며 화제를 일으키기도 했죠. 2020년 말 현재 카카오는 광고 매출 성장을 이끈 광고 전문가 여민수 대표와 과거 네이버 녹색

새로 쓰는 IT-모바일 역사

2014년, 최세훈 다음커뮤니케이션 대표(왼쪽)와 이석우 카카오 대표(오른쪽)가
전격 합병을 발표하는 기자회견을 열고 있다.

창을 만든 유명한 디자인 전문가 조수용 대표가 공동 CEO를 맡고 있습니다.

다음과 합병한 카카오는 이제 콘텐츠 전쟁을 벌일 채비에 한 창입니다. YG엔터테인먼트 지분을 인수하고 SM 엔터테인먼트에도 투자한 네이버, 그리고 BTS 소속사 빅히트 엔터테인먼트 지분을 인수해서 2대 주주가 된 넷마블도 화제가 됐지만요. 카카오는 일찍이 가수 아이유가 소속된 로엔 엔터테인먼트를 인수했고, 이병헌, 유지태 등이 몸담은 BH 엔터테인먼트, 매니지먼트 숲, 제이와이드컴퍼니 등 연예 기획사를 인수한 데다, 메가몬스터, 로고스필름, 바람픽처스 등의 드라마 제작사, 영화사월광, 사나이픽처스 등의 영화 제작사를 비롯해 공연제작사인 쇼노트도 인수했습니다. 또한 카카오엔터테인먼트는 유희열 씨가 수장으로 있는 기획사 안테나를 인수하면서 유재석 씨도 품게 됐습니다.

2015년에는 카카오 TV를 론칭했고 초기에는 계약된 방송사의 프로그램을 다시보기 서비스로 제공했지만 2020년부터는 직접 제작한 콘텐츠를 선보이고 있습니다. 이효리 등의 스타들이 자신의 휴대폰을 기반으로 일상을 보여주는 리얼리티 프로그램이 화제가 되기도 했고, 인수한 드라마 제작사를 통해 제작한 〈며느라기〉〈도시 남녀의 사랑법〉〈연애 혁명〉 등의 드라마를 론칭하며 화제를 모으기도 했습니다.

게다가 2021년 초 카카오는 기업가치 7조 원에 달하는 대형 엔터테인먼트 자회사를 세운다고 발표했습니다. 웹툰·웹소설 플랫폼

'카카오페이지'와 카카오 TV를 서비스하는 '카카오M'을 합병한 '카카오 엔터테인먼트'입니다. 그간 웹툰 및 웹소설 기반의 드라마, 영화가 다수 제작되고 엄청난 인기를 끌었는데요. 웹툰 〈신과 함께〉는 영화로 제작되어 1천만 관객을 끌어모았고, 해당 작품은 뮤지컬로도 제작되기도 했습니다. 그 외에도 영화 〈위대하게 은밀하게〉나 드라마 〈김비서가 왜 그럴까〉〈치즈 인 더 트랩〉〈경이로운 소문〉, 넷플릭스 오리지널로 제작된 〈스위트홈〉 등 모두 웹툰, 웹소설 기반의 작품입니다. 카카오페이지에는 8천5백여 편 이상의 웹툰 및 웹소설이 업로드 돼 있습니다. 더불어 카카오M은 기용 가능한 배우와 제작 인력과 노하우를 가지고 있죠. 이 두 회사의 합병으로 카카오는 글로벌 콘텐츠 시장에서 적지 않은 영향력을 행사할 것으로 예상됩니다.

그 외에도 카카오는 모빌리티, 은행, 음악, 게임 유통 등 사업을 지속해서 확장한 끝에 여섯 분기 연속으로 성장하면서 2019년 2분기에는 9529억 원, 사상 최대의 실적을 내면서 이제 본격적인 성장세에 접어들었다는 평가를 받고 있습니다.

2006년 벤처 기업으로 시작된 카카오는 2021년 현재 재계 서열 23위에 오를 만큼 단기간에 성공한 기업이 되었습니다. 더욱이 삼성, LG, 롯데 등 대를 이어 성장해온 기업이 아니라 자기만의 역사를 쓰기 시작한 젊은 회사라는 점도 주목할 만합니다. 또한 다른 기업과 달리 모든 것을 '카카오'라는 세계 안으로 끌어들인다는 점도 눈여겨볼 만하죠. 이미 우리는 카카오톡으로 소통하고 있고, 카카오뱅크, 카카오페이를 이용해 돈을 쓰기도 하고 모으기도 합니다. 카카오

카카오뱅크는 2021년 상반기 당기순이익이
1159억 원으로 전년 동기 대비 156.2퍼센트 올랐다고 밝혔다.
사진은 서울 용산구 카카오뱅크 고객센터 모습.

사진 ©뉴시스

톡에서 선물을 주고받고, 카카오톡과 연동된 카카오의 게임을 하며, 카카오가 제공하는 웹툰, 웹소설, 영상물을 향유하고 있습니다. 이미 카카오의 많은 서비스가 우리 일상에 깊이 스며 있고, 사람들은 거기에 익숙해져 있습니다. 이 같은 흐름은 앞으로 더 가속화할 겁니다. 그러면서 플랫폼 기업이 모든 것을 먹어치우고 이익을 독점한다는 비판은 점점 더 많이 받게 되겠죠. 카카오가 연결하는 세계는 어디까지 확장이 될까요? 마지막으로 이 문장을 다시 떠올려봅니다.

"일단 사람을 모은다. 그들을 연결한다. 그러면 큰돈을 벌 기회는 반드시 온다."

참고자료

01. 성공의 상징, 손목 위에서 빛나다 ◆ 롤렉스

— 《매거진B》, NO.41 ROLEX
— https://news.mt.co.kr/mtview.php?no=2021011813063129210
— http://www.hani.co.kr/arti/economy/economy_general/897703.html
— https://www.timeforum.co.kr/NEWSNINFORMATION/10637609
— https://www.timeforum.co.kr/NEWSNINFORMATION/10637609
— https://www.scmp.com/magazines/style/watches/article/2141918/all-you-need-know-about-iconic-rolex-pepsi-gmt-master-ii
— https://www.ft.com/content/905f8272-5fd8-11e6-ae3f-77baadeb1c93
— https://www.econovill.com/news/articleView.html?idxno=360066
— http://www.fortunekorea.co.kr/news/articleView.html?idxno=10477
— http://dart.fss.or.kr/dsaf001/main.do?rcpNo=20200319000379

02. 막장 드라마를 딛고, 화려하게 부활하다 ◆ 구찌

— https://www.yeongnam.com/web/view.php?key=20170106.010380820370001
— https://news.naver.com/main/read.nhn?mode=LSD&mid=sec&sid1=101&oid=003&aid=0004820985
— http://stoo.asiae.co.kr/news/naver_view.htm?idxno=2014072817175046896
— https://news.naver.com/main/read.nhn?mode=LSD&mid=sec&sid1=001&oid=277&aid=0004481435
— https://www.kering.com/en/houses/couture-and-leather-goods/gucci/
— https://apnews.com/article/32d1c92b5eea94e9b815d17d3cdfdc41
— https://www.vanityfair.com/news/1999/07/lvmh-gucci
— https://www.theguardian.com/fashion/2016/jul/24/the-gucci-wife-and-the-hitman-fashions-darkest-tale

— https://www.washingtonpost.com/archive/lifestyle/1985/09/16/
gucci/40155cdd-63f8-4e88-8b98-df601b3a87e4/
— https://www.newyorker.com/magazine/2016/09/19/guccis-renaissance-man
— https://www.nytimes.com/1995/12/14/business/international-business-gucci-
gains-ground-with-revival-style-belt-tightening.html
— https://www.nytimes.com/2001/12/02/magazine/luxury-in-hard-times.html

03. 불멸의 사랑, 운명을 거스르다 ♦ 샤넬

—《코코 샤넬》, 앙리 지델, 원희 옮김, 작가정신, 2018.
—《파리는 언제나 축제》, 메리 매콜리프, 최애리 옮김, 현암사, 2020.
—《샤넬 디자인》, 엠마 박스터 라이트, 이상미 옮김, 동글디자인, 2018.
—《칼 라거펠트, 금기의 어록》, 칼 라거펠트, 김정원 옮김, 미래의창, 2014.
—《매거진B》 No.73 CHANEL.
— chanel.com
— https://www.nytimes.com/2002/02/24/magazine/the-power-behind-the-
cologne.html
— https://www.afr.com/companies/how-chanel-lost-her-most-precious-asset-
19890421-kakv0
— https://www.wsj.com/articles/inside-a-chateau-that-belongs-to-
chanel-1447273255
— http://fashion.telegraph.co.uk/news-features/TMG7975778/The-secret-life-of-
Coco-Chanel.html
— https://www.businessinsider.com/wertheimer-family-chanel-fortune-gerard-
alain-vineyards-thoroughbred-net-worth-2019-2
— https://terms.naver.com/entry.naver?docId=3574436&cid=58794&category
Id=59126
— https://www.ize.co.kr/articleView.html?no=2019030709017219666

04. 변치 않는 고집으로 최고를 만들다 ♦ 에르메스

—《패션의 탄생》, 강민지, 루비박스, 2011.
— https://books.google.co.kr/books?id=6VVMAQAAMAAJ&pg=PA554&dq=duke

— +of+orleans+horse+carriage&hl=ko&sa=X&ved=2ahUKEwj114LUyMrtAhWBHq
YKHb8SCPsQ6AEwAHoECAEQAg#v=onepage&q=duke%20of%20orleans%20
horse%20carriage&f=false
— https://books.google.co.kr/books?id=_rJLAAAAcAAJ&pg=PA168&dq=duke+o
f+orleans+horse+carriage&hl=ko&sa=X&ved=2ahUKEwj114LUyMrtAhWBHqY
KHb8SCPsQ6AEwAXoECAIQAg#v=onepage&q=duke%20of%20orleans%20
horse%20carriage&f=false
— hermes.com
— https://www.nytimes.com/2014/09/04/business/international/lvmh-and-
hermes-strike-deal-to-end-shareholder-dispute.html
— https://www.thefashionlaw.com/hermes-vs-lvmh-a-timeline-of-the-drama/
— https://www.bbc.com/culture/article/20150116-the-ultimate-status-symbol
— https://martinroll.com/resources/articles/strategy/hermes-the-strategy-behind-
the-global-luxury-success/
— https://www.businessinsider.com/wealthy-chinese-shoppers-slurge-at-hermes-
store-in-china-2020-4
— https://www.reuters.com/article/us-lvmh-hermes-intl-
idUSKBN0GY1DM20140903
— https://news.mt.co.kr/mtview.php?no=2018112213482889886
— https://www.bbc.com/culture/article/20150116-the-ultimate-status-symbol
— https://www.telegraph.co.uk/fashion/people/grace-kelly-gave-hermes-kelly-
bag-enduring-style-status/
— https://www.vanityfair.com/news/2010/05/grace-kelly-201005
— https://www.hankyung.com/news/article/2007053089061
— https://news.g-enews.com/ko-kr/news/article/news_a
ll/20200628100240919363362589571_1/article.html?md=20200628142301_R

05. 화려함과 우아함의 정점을 꿈꾸다 ◆ 디올

— https://www.harpersbazaar.co.kr/article/42560
— https://terms.naver.com/entry.naver?docId=3573152&cid=58794&category
Id=59126
— https://wwws.dior.com/couture/en_hk/the-house-of-dior/the-story-of-dior/
believing-in-ones-destiny
— https://www.vogue.co.uk/article/christian-dior-designer-of-dreams-victoria-

and-albert-museum
— https://www.glamour.com/story/christian-dior-princess-margaret
— https://www.bbc.com/culture/article/20190129-the-formidable-women-behind-the-legendary-christian-dior
— https://www.nytimes.com/1981/09/02/business/dior-hoping-to-find-a-new-partner.html
— https://www.ft.com/content/c79eccfc-fca1-11e9-a354-36acbbb0d9b6
— https://www.nytimes.com/2002/08/18/magazine/the-last-temptation-of-christian.html
— https://www.theguardian.com/fashion/2019/jan/20/christian-dior-legacy-victoria-and-albert-museum-exhibition
— https://www.vogue.com/article/maria-grazia-chiuri-dior-coronavirus
— https://www.businessoffashion.com/community/people/maria-grazia-chiuri
— https://www.latimes.com/archives/la-xpm-2007-jun-18-me-ferre18-story.html
— https://apnews.com/article/baf7b5858a9637812cd9eaf439e59376
— https://www.esquiresg.com/yves-saint-laurent-ten-things-you-might-not-have-known-about-the-fashion-designer/

06. 가방으로 시작해 명품 시장을 압도하다 ✦ 루이비통

—《럭셔리》, 데이나 토마스, 이순주 옮김, 문학수첩, 2008.
— www.lvmh.com
— https://eu.louisvuitton.com/eng-e1/magazine/articles/a-legendary-history#
— https://www.nytimes.com/1988/07/09/business/guinness-and-lvmh-trade-stakes.html
— https://apnews.com/article/1cd20af2b2125e75926868ba970a951d
— https://www.vogue.fr/fashion/fashion-inspiration/story/a-brief-history-of-louis-vuittons-famous-monogram/1682
— https://www.vogue.co.uk/article/louis-vuitton
— https://www.nytimes.com/2013/10/02/fashion/marc-jacobs-to-leave-louis-vuitton.html
— https://www.nytimes.com/2018/06/02/business/how-marc-jacobs-fell-out-of-fashion.html
— https://www.businessinsider.com/lvmh-brands-iconic-luxury-goods-bernard-arnault-2019-10

— https://view.asiae.co.kr/article/2020091123592711810
— https://www.theguardian.com/business/2019/oct/28/luxury-goods-group-lvmh-in-tiffany-takeover-talks
— https://www.businessinsider.com/lvmh-brands-iconic-luxury-goods-bernard-arnault-2019-10
— https://www.nytimes.com/1989/12/17/magazine/a-luxury-fight-to-the-finish.html
— https://www.wsj.com/articles/SB867966364789847000
— https://www.ft.com/content/adb80746-af32-11e1-a4e0-00144feabdc0
— https://www.forbes.com/sites/susanadams/2019/10/31/the-100-billion-man-how-bernard-arnault-stitched-together-the-worlds-third-biggest-fortune-with-louis-vuitton-dior-and-77-other-brandsand-why-hes-not-done-yet/?sh=3306f9e84efb
— https://www.independent.co.uk/news/business/analysis-and-features/wolf-cashmere-bernard-arnault-calls-hunt-shares-rivals-9710274.html
— https://www.ft.com/content/e03f62aa-29ca-11e7-9ec8-168383da43b7
— https://www.theguardian.com/business/2013/jun/09/hermes-louis-vuitton-france-handbag-war-arnault
— https://www.vanityfair.com/style/2014/09/natalia-vodinova-antoine-arnault
— https://www.wmagazine.com/story/natalia-vodianova-antoine-arnault-family/
— https://www.businessoffashion.com/community/people/natalia-vodianova
— http://fashion.telegraph.co.uk/news-features/TMG9597036/On-the-school-run-with-Natalia-Vodianova.html
— https://www.wsj.com/articles/SB10001424127887323716304578479501220556438
— https://news.mt.co.kr/mtview.php?no=2018112213482889886
— https://www.yna.co.kr/view/AKR20160503129200030
— https://biz.chosun.com/site/data/html_dir/2016/05/03/2016050302449.html
— https://www.ft.com/content/baa85c66-20ef-11e1-8a43-00144feabdc0

08. 커피 한잔으로 소비 문화를 바꾸다 ◆ 스타벅스

— 《스타벅스》, 하워드 슐츠, 홍순명 옮김, 김영사, 1999.
— 《온워드》, 하워드 슐츠, 조앤 고든, 안진환·장세현 옮김, 8.0, 2011.
— https://www.starbucks.com/about-us/company-information
— https://biz.chosun.com/site/data/html_dir/2019/02/01/2019020101712.html
— https://www.statista.com/statistics/277795/number-of-starbucks-stores-in-china/
— https://www.howardschultz.com/
— https://www.businessinsider.com/howard-schultz-profile-2015-10
— https://m.hankookilbo.com/News/Read/202005241402719249?did=PA&dtype=3&dtypecode=5380
— https://www.wsj.com/articles/behind-the-fall-of-chinas-luckin-coffee-a-network-of-fake-buyers-and-a-fictitious-employee-11590682336
— https://www.investors.com/news/luckin-coffee-stock-falls-muddy-waters-report-fraud/
— '커피값이 기막혀', 〈시사매거진2580〉, 2006년 7월 16일
— https://unipass.customs.go.kr/ets/
— https://news.naver.com/main/read.nhn?mode=LSD&mid=sec&sid1=101&oid=050&aid=0000056445
— https://www.mk.co.kr/news/business/view/2021/01/72732/
— https://www.mk.co.kr/news/economy/view/2017/04/267306/

09. 몽상가 일론 머스크, 현실을 바꾸다 ◆ 테슬라

— 《일론 머스크, 미래의 설계자》, 애슐리 반스, 안기순 옮김, 김영사, 2015.
— tesla.com
— https://twitter.com/elonmusk
— https://www.nytimes.com/2018/08/16/business/elon-musk-interview-tesla.html
— https://edition.cnn.com/2020/05/30/tech/elon-musk-spacex-2004-interview-the-vault/index.html
— https://www.gq.com/story/elon-musk-mars-spacex-tesla-interview
— https://www.vogue.com/article/elon-musk-profile-entrepreneur-spacex-tesla-motors

— https://www.theatlantic.com/science/archive/2019/03/elon-musk-spacex-
commercial-crew-nasa/584011/
— https://news.joins.com/article/22982283
— https://sedaily.com/NewsView/1VI06CAET8
— https://news.naver.com/main/read.nhn?mode=LSD&mid=sec&sid1=101&oid=00
1&aid=0003975576

10. 천재의 집착, 새로운 시대를 열다 ◆ 애플

—《스티브 잡스》, 월터 아이작슨, 안진환 옮김, 민음사, 2015.
—《팀 쿡》, 린더 카니, 안진환 옮김, 다산북스, 2019.
—《조너선 아이브》, 리앤더 카니, 안진환 옮김, 민음사, 2014.
—《인사이드 애플》, 애덤 라신스키, 임정욱 옮김, 청림출판, 2012.
—《픽사 이야기》, 데이비드 A. 프라이스, 이경식 옮김, 흐름출판, 2010.
—《스티브 워즈니악》, 스티브 워즈니악·지나 스미스, 장석훈 옮김, 청림출판, 2008.
—《디즈니만이 하는 것》, 로버트 아이거, 안진환 옮김, 쌤앤파커스, 2020.
—《상식 밖의 부자들》, 루이스 쉬프, 임현경 옮김, 청림출판, 2019.

11. 한국의 재벌 세계 일류가 되다 ◆ 삼성

—《호암자전》, 이병철, 나남출판, 2014.
—《생각 좀 하며 세상을 보자》, 이건희, 동아일보사, 1997.
—《이 사람아, 공부해》, 김영희, 민음사, 2011.
—《이건희 시대》, 강준만, 인물과사상사, 2005.
—《삼성을 생각한다》, 김용철, 사회평론, 2010.
—《지배구조로 본 글로벌 기업전쟁》, 강성부 외, 한국경제매거진, 2016.
— https://www.yna.co.kr/view/AKR20201025020300003?input=1195m
— https://www.yna.co.kr/view/AKR20201025021000003?section=search
— https://www.yna.co.kr/view/AKR20201025025600003?section=search
— http://jmagazine.joins.com/economist/view/331817

12. 꿋꿋하게 정도 경영을 추구하다 ◆ LG

―《위기를 쏘다》, 이헌재, 중앙북스, 2012.

13. 도전과 뚝심이 기적을 만들다 ◆ 현대

―《아산 정주영 레거시》, 김화진, 서울대학교출판문화원, 2021.

14. 모바일로 대한민국을 연결하다 ◆ 카카오

―《톡톡! 국민앱 카카오톡 이야기》, 문보경·김민수·권건호, 머니플러스, 2011.
―《커넥트 에브리씽》, 장윤희, 넥서스BIZ, 2016.
―《어떻게 창업하셨습니까?》, 김준호 외, 21세기북스, 2014.
― https://news.mt.co.kr/mtview.php?no=2011101714343203791
― https://www.mk.co.kr/news/business/view/2012/04/245706/
― https://biz.chosun.com/site/data/html_dir/2016/07/27/2016072700727.html
― http://www.khgames.co.kr/news/articleView.html?idxno=19063
― https://mk.co.kr/news/special-edition/view/2013/03/187785/
― https://news.naver.com/main/read.nhn?mode=LSD&mid=sec&sid1=105&oid=03
  0&aid=0000012282
― https://news.naver.com/main/read.nhn?mode=LSD&mid=sec&sid1=101&oid=01
  8&aid=0000123821
― https://www.fnnews.com/news/201103062007344326?t=y
― https://www.hankyung.com/it/article/2011072898931

소비더머니

브랜드에 얽힌 사람과 돈 기업에 관한 이야기

초판 발행 2021년 11월 1일

글 조현용
펴낸이 박정우
편집 이유진
디자인 김리영

펴낸곳 출판사 시월
출판등록 2019년 10월 1일 제 406-2019-000107 호
주소 경기도 고양시 일산동구 문봉길62번길 89-23
전화 070-8628-8765
E-mail poemoonbook@gmail.com

© 조현용
ISBN 979-11-91975-00-0 (03300)